帰村

武左衛門一揆と泉貨紙

佐々木皓一 書

再刊に当たって

本書は、平成十四年に刊行した「帰村　武左衛門一揆と泉貨紙」の改訂版である。

上　武左衛門一揆の道を歩く催し（平成５年）。先頭が上大野村へ帰村したところ

下　宇和島築城 400 年祭行事（平成 12 年）。近永村での友岡代官と武左衛門の対決を再現。演じているのは、宇和島市教育委員会と一希を起こす会の人たち

吉田町と日吉村の和解行事。安藤儀太夫を吉田町助役、
武左衛門を日吉村村長が演じた（平成８年）。

帰村　武左衛門一揆と泉貨紙

目次

第三章　吉田藩の過酷な紙専売制度　129

帰村　武左衛門一揆と泉貨紙

はじめに　一揆の概要

武左衛門一揆は、武左衛門という一人の農民の力で、一揆の歴史上まれにみる勝利をもたらしたと伝えられている。かつては、小中学校の社会科教科書にも取り上げられたことがあった。

まず、そのあらましを述べる。

十八世紀後半、財政難の伊予の国吉田藩三万石は年々非道となる政治に陥っていった。天明の飢饉の最中、一揆が計画されたが未然にもれ、二名が獄死するにいたった。武左衛門は、こんどこそ一揆を成功させようと決意し、チョンガリを語って施しをもらう門付芸人に身をやつした。三年間領内を巡り、二十四人の同志を得た。寛政四年冬、吉田藩は豪商法花（華）津屋と結託し泉（仙）貨紙の専売制度を実施した。その結果、紙は残らず安値で買い上げられ、紙をすく百姓の生活は成り立たなくなった。

村々は、合法的に願書を出したが、一蹴された。寛政五年二月、武左衛門は、百姓ののど首をしめる法花津屋を打ち壊そうと檄をとばして、百姓の気持ちを高揚させ、八十三か村すべてを立ち上がらせた。

そして、全村が集まったところで一転して本家の宇和島藩へ訴え出るという策をとった。吉田藩家老安藤儀太夫継明は、宇和島領八幡河原に集合する百姓の元に来た。そして、藩政の非をわび、願書を早く出すよう申し渡し、百姓の面前で切腹して果てた。これを機に、宇和島藩は、願書はすべて認め、百姓の罪は問わぬと裁定した。百姓は躍り上がって帰村した。

おさまらないのは吉田藩である。頭取を探るがわからない。三年後、村に川普請で来た役人は百姓たちに酒を振る舞って、一揆の頭取を役人に取り立てたいものだとほめちぎった。次々飛び出してくる二十四名の名をしっかり聞き取り、ただちに夜中、村々を急襲した。武左衛門だけは、すぐに首を打った。百姓たちが取り返しにくるのを恐れたからである。そしてその首を筒井坂にさらした。

藩は武左衛門を供養することを堅く禁じたが、人々はお施餓鬼の念仏の中で密かに供養してきた。そして、「帰村」という盆踊りで、願いを全てかなえて帰れた喜びと武左衛門への感謝を後世に伝えてきたという。


これが武左衛門の物語である。初代日吉村長井谷正命（まさみち）（一八六八〜一九三四）が「武左衛門翁伝」「日吉村誌」等で、明治末から大正初期に紹介したものである。日吉村（現鬼北町）は武左衛門の出身地である。井谷氏は生涯村づくりに尽くしたが、その一環として、地元に伝わる口承から武左衛門の復権を図り、義農武左衛門として世に広めた。また、正命の子、正吉（まさよし）（一八九六〜一九七六）は、農民運動に熱心に取り組んだが、その象徴として武左衛門の功績を利用した。こうして、井谷氏らが広めた武左衛門像は世に受け入れられ、戦後、社会科教科書にも掲載されるようになったのである。

さて、井谷正命がこのような物語で顕彰するまでは、武左衛門は悪人とされていた。昭和三年、吉田町長清家吉次郎は、「忠臣安藤儀太夫と乱民武左衛門」を発表し、従来の説を補強して井谷父子に対抗した。それは、このような物語である。

藩主が長らく国元に不在の吉田藩は、下役人が堕落し、農民への激しい収奪が行われていた。宇和島藩に陰で操られていたらしい武左衛門にそそのかされて、農民たちは騒動を起こし、本家である宇和島藩に訴え出た。宇和島藩はこの機会に支藩吉田藩を回収しようと目論んでいた。吉田藩はお家存亡の危機に見舞われた。吉田藩家老安藤儀太夫は、一揆の農民らの元を訪れ、藩政の非をわび、直ちに村へ帰るように諭し、切腹した。その姿を見て、激高していた農民たちも水を打たれたようになり、素直に平伏した。宇和島藩もことを穏便に収めるために、農民の願いを全面的に認める裁定を行った。これにより、吉田藩の苛政は改められ、農民たちは安堵した。帰村した農民たちは、一部の者に引きずられて一揆を起こしたことを悔い、藩主がお国入りされた際には、万歳の歓呼で迎えた。安藤家老は、国の危急を救い、安定を取り戻した忠臣とたたえられた。やがて安藤神社が建てられ、人々の尊敬を集め、今日に至っている。

「安藤様は、山奥の武左衛門という悪い百姓のために切腹させられた」というのが当時の一般的な知識であったのである。「伊達秘録」、「伊予簾」など江戸時代に書かれた物語は、武士側に立って安藤家老の切腹を義死としてたたえるものだった。安藤神社は吉田の人々の信仰を集め今日に至っている。安藤家老の物語も武左衛門の物語も、長い年月の間に、伝説や史実、虚構が入り交じり、真実は見えなくなっていた。

一揆と直接交渉した吉田藩の役人に中見役鈴木作之進がいる。彼は一揆直後、その顛末を記したが、他見を許さずとして自家にとどめ置いた。維新後、鈴木家から流出し、安藤神社の所蔵となっていた。昭和二年、その存在を知った井谷正命が正吉を通じて借り出し、筆写して残しておいた。それが平成の年代になってようやく存在が明らかになった。

昭和四〇年(一九六五)、三好昌文氏が、松浦泰のペンネームで、「南予の百姓一揆」を書き、「吉田騒動(武左衛門一揆)」として取り上げた。また、昭和四六年(一九七一)、「伊予農民騒動史話」(景浦勉)が発刊され、「吉田藩紙騒動」として取り上げられた。こうして、一揆は広く知られるようになった。しかし、「庫外禁止録」の全文を見ることができずに行われたこれらの論考は、今日役割を終えたと言えよう。

さて、「庫外禁止録」は、昭和三〇年代安藤神社から流出し、吉田に在住する郷土史家楠本長一の手元に移った。この経緯については、『武左衛門一揆講釈』(白方勝　一九九七年)に詳しく記されている。筆者も、白方氏とは別に聞き取りを行ったところ、白方氏の記述通りであった。

楠本氏は、「武左衛門及び同志者」として、昭和四〇年にごく一部分を紹介した。この一揆に全体の指導者はおらず、武左衛門は願書を書いて礼物を受け取っていた者であると報告した。楠本氏はこれ以後発表を行わず、「庫外禁止録」の原文は公開されなかった。

この短い報告は、従来の吉田町の説を強化したものであったが、以後の研究の出発点となった。

平成二年、吉田町の郷土史家芝正一氏は、「寛政五丑年吉田騒動についての私考　首謀者のいない一揆」(伊予史談　第二二六号)を発表した。これは、「庫外禁止録」の楠本発表分に基づいて論考し、全体は未見のままでのレポートである。従来吉田に伝わっていた説に基づき、武左衛門は一揆の指導者では無いと述べた。

愛媛大学教育学部白方勝教授は、「武士側の一方的な史料で武左衛門の人物像が描かれてきた。実際頭取ではなかったかもしれないが、農民は武左衛門を英雄として伝えてきた。なぜ英雄に成長していったのか、その姿も描かれるべきではないか」と提示した（『愛媛県史　文学』第四節　昭和五九年）。文学者の立場からの視点であった。以後白方氏は一揆研究を深めることになる。

一方、地元の日吉地区でも研究に着手する者が現れた。

昭和五〇年代の初頭から松浦洋一氏（教員）は、武左衛門について興味を持ち始めた。日吉村立富母里（とんもり）小学校に赴任していた昭和五四年、武左衛門の出自に関係すると思われる位牌を発見、本格的に研究を開始した。筆者も松浦氏からいくつかの手書き調査報告をいただいた。松浦氏はその成果を、「ふるさと通信あいり」第一〇号（平成三年十二月）から発表していった。また、日吉村教育長、収入役を務めた上田吉春氏も松浦氏と共に、研究と顕彰事業を始めた。二人の活動により、井谷筆写本の存在が発見され、解読と復刻が行われた（平成七年）。ようやく「庫外禁止録」全文が公開された。また、原本のコピーも楠本氏の親族より寄せられ、現在、武左衛門一揆記念館に所蔵されている。

平成二年（一九九〇）には、新史料も発見されていた。吉田藩下波浦で組頭を務めていた清家家には、吉田藩からの拝領と伝えられている屏風があった。それを解体したところ、絵の下張りに大量の吉田藩庁文書が使用されていた。それらには、一揆の当日、鎮圧に出向いた下役人が、藩庁とのやりとりを行った文書類も含まれていた。その多くは中見役鈴木作之進のものである。内容は、「庫外禁止録」の記述と一致し、作之進が一揆後、手元にこれらの連絡文書をおいて、「庫外禁止録」としてまとめ、文書は下張りに使われたのである。それにより武左衛門が実在の人物で本名は嘉兵衛であることがわかった。また、武左衛門の人物像も、「庫外禁止録」では、最も重要な部分がぬけていることがわかった。

この文書を、所有者で発見者の清家金治郎氏が独学で解読を行い、『屏風秘録』（平成六年）『続屏風秘録』（平成七年）『屏風秘録にみる伊予吉田藩百姓一揆』（平成八年）として出版した。

上田、松浦両氏は、毛利家史料調査会（平成五年三月発会）の場において研究を深めていった。また、会員から、新発見史料が次々提示された。副頭取と伝えられる三間の善六についての研究も行われた。しかし、善六については、十分な史料が発見されなかった。同会の講師を務める柚山俊夫氏は、清家金治郎氏の解読を支援した関係であることから、清家氏とも連携し、同会全体で武左衛門一揆研究を進めていった。

白方勝氏は、文学者の視点から、一揆の研究を本格化し、『武左衛門一揆講釈』（平成九年）、『武左衛門一揆考』（平成十一年）を相次いで出版した。

一方、毛利家史料調査会に属していた筆者は、病に倒れた松浦洋一氏から研究を引き継いだ。また、勤務校が清家金治郎氏の自宅近くになったことから、知己を得て、「屏風秘録」の解釈に取り組むことになった。この間、白方勝氏と意見を交換しながら、武左衛門一揆の全体像を把握していった。筆者は「帰村　武左衛門一揆と泉貨紙」を平成十四年に発刊した。発刊に際しては、上田吉春氏から大いに資料提供を受けた。本来ならば、故松浦洋一氏が著作とするはずであったが、大変申し訳なく思ったものである。

以後、新たな史料の発見は無い。今回改訂版を出すに当たっては、論を改めることはしていない。ただ、宇和島藩庁史料の中から、一揆に関するものがまだ発見されていないので、再論考の可能性は残している。
「庫外禁止録」「屏風秘録」という新史料群は一揆の直前から終結までを明らかにしている。これにより、伝説、史実、虚構、誤伝がおおむね区別できるようになった。またこれらとつきあわすと、従来の「伊達秘録」「伊予簾」等の旧史料が、一揆の経過については意外に事実を伝えていることがわかってきた。「各嗇ちよむがり」は発見されたまま省みられなくなっていたが、正確に事実を書いていることもわかってきた。

史実に基づいた武左衛門一揆の姿が今日明らかになったのである。

（注）泉貨紙は仙貨紙と書かれることもある。使い分けは伝わっていない。宇和島藩領の野村地方で生まれた楮紙で、戦国時代末期の人、兵頭太郎右衛門道正（泉貨居士）の発明とされる。したがって発祥においては泉貨紙であった。宇和島藩の特産品として知られたが、諸国で盛んに生産されるようになると仙貨紙の名も使われる。おそらく本元の宇和島産に遠慮して、仙貨紙の名を用いたのであろうが、次第に併用されていく。宇和島藩においても使い分けはしていない。本書の時代、吉田藩では仙貨紙であろう。本書では、両方を明確な使い分けのないまま使用している。

（注）日吉村は平成一七年（二〇〇五）より鬼北町となった。

第一章

一揆顕彰の歴史と史料群

本章では、一揆の評価がどのように変わってきたかを、詳細に見ておきたい。

一　三回の顕彰期

この一揆は、一揆後六十一年目の安藤儀太夫の神格化と大正から昭和初年にかけての井谷正命氏と子息正吉氏による武左衛門の義農化という二つの顕彰期を経て、今、儀太夫、武左衛門の義人、義民化という第三顕彰期に入っている。第一顕彰期に安藤氏が伝説化し、第二顕彰期に武左衛門が伝説化した。そして、今、村おこし、町おこしのため新たな伝説が作られようとしているところである。

安藤霊廟（海蔵寺）嘉永７年（安政元年）造営

第一顕彰期

一揆は語ることを禁じられ、人々の記憶から消えかけていた。ところが、六十一年後の嘉永六年（一八五三）、安藤氏が神となって現れたという霊験話が生まれた。世相を反映したのか、庶民の信仰が大流行し、墓所のある海蔵寺に人々が押し寄せ、「海蔵寺大当たり」という現象が起こった。このとき、安藤様は武左衛門という山奥の悪人のために切腹なされたという伝説が一般化した。

「不思議話取寄草」は、この霊譚を集めて書いたものである。上大野（かみおおの）村の人々（六十人）が、嘉永六年十二月、安藤様に参った際、武左衛門の子どもに対して、周囲の者は「お前は、安藤様を切腹に追いやった張本人の倅だからやめておけ」と制止した。すると自分は山伏の身なのだからさわりはないと強行した。ところが、彼だけが、気がつくと門前を通り越しており、とうとう参ることができなかったのである。そして彼は、翌年二月には亡くなってしまった。先祖の悪事の報いであろうと記している。

上大野村の人々が、武左衛門の子供にこのように言うということは、自分たちの先祖が悪事を働いたという意識を刷り込まれていたことを物語る。同史料では、武左衛門の子供は三人おり、長男は出家し行方不明、次男はこの山伏としている。武左衛門の子孫と伝わる家では、男と女の二人がいて、武左衛門の妻が連れて土佐へ逃れたという言い伝えがある。これからすると三人目は女である。一人は寺に預けられたことになる。

さて、この山伏は、松浦洋一氏が発見した智教坊のようである。

海蔵寺の御札。人々は競って求めた。これは明治時代のもの。（個人蔵）

安藤神社（安藤氏の邸宅跡）明治十年建立

位牌では、嘉永六年十月十日と記されている。智教坊は、武左衛門の子か孫で、土佐で山伏の修行をして帰ったと、子孫の家には伝わっている。

吉田藩当山派宝冠寺所蔵の宗門改帳（嘉永四年）によると、智教房は土州津野川村梅之助の子となっている。伝承によれば、武左衛門の妻子は土佐へ逃げたと言われる。よって梅之助が武左衛門の子で、智教房が孫と想定することもできる。「伊達秘録」では武左衛門を土州生まれとしていることから、武左衛門の出身に土佐が関係することが窺える。

武左衛門の子孫と伝わる家系は二家ある。この智教坊の子孫と、熊田家である。井谷氏の子孫はいないかという呼びかけに、名乗りを上げたのは熊田家である。武左衛門の供養は、念仏の中に入れて村人が行ってきた。智教房の一家は、松浦氏の調査で明らかになった。武左衛門の子孫の研究は松浦氏が行ったが、武左衛門の位牌と推定できる位牌も確定することはできなかった。

嘉永七年、参詣者が多いので海蔵寺の墓所に小廟が建てられた。明治六年（一八七三）、安藤儀太夫の孫安藤継志らによって、安藤邸内に「継明霊社」が建てられた。明治九年、「邸内私祭之祠へは諸人参詣不相成」の通達が出されたため、安藤邸を分割し立間村郷社の八幡神社の末社として奉祭したい旨を申請した（「邸内私祭小祠末社奉祭致度願」県立図書館所蔵資料）。その結果、明治十（一八七七）年、「継明神社」となった。世話係は、甲斐春水（安藤忠死録の作者甲斐順宜の父）である。以下士族十一名が連名で名を連ねている。その中には安藤家の執事であった奥山家も含まれている。明治十八年（一八八五）、安藤神社と改められた。明治二十五年、百年祭にあたり御輿が新調された。

甲斐家と安藤家は隣家で代々親しく交わっていた。儀太夫切腹当時二七歳であった甲斐久子が、孫の甲斐春水や儀太夫の孫安藤継志、そして婿の大楽寺住職城井正心に当時の詳細を詳しく語った（『宇和島吉田旧記第一号　甲斐家文書』四七頁）。城井正心はそれをもとに「安藤忠死録」を書いた。曾孫の甲斐順宜はこの曾祖母の存命中に生まれた。順宜の幼児期には、安藤継明の子継春も当時高齢で存命し、順宜の記憶に残った。順宜は、伯父の「安藤忠死録」を修補し、明治三十九年に「安藤忠死録」を書き直した。同書に描かれる継明の最後の姿は、実際に甲斐家が見聞きしたことである。六十一年目、突如沸いた安藤信仰は、甲斐父子や奥山氏の手によって明治時代に地元に根付いていったのである。

（注）日吉村上大野の勝山城跡に武左衛門を祀る祠があったという。だが、武左衛門を表だって祀ることはできなかった。また、「帰村」という口説きで一揆が帰村した時の喜びを伝えてきたと言われている。筆者は、高知県幡多郡、大分県佐賀関、愛媛県西宇和郡、北宇和郡吉田町（現宇和島市）、宇和島市九島の広範囲に伝わる「帰村」口説きを調査したが、一揆に関する文言は一切見られなかった。しかし、悲哀を込めて歌うという注意書きも見受けられる。また、各地に伝わる一揆の「いのこ唄」は第二顕彰期からと思われる。吉田藩は武左衛門の墓を建てることも禁じ、一揆は存在しなかったように扱われた。

第二顕彰期

初代日吉村長として郷里の発展に尽くした井谷正命氏は、明治後期に武左衛門の再評価を行う。

正命氏は、小冊子「武左衛門翁伝」（大正六年か）において次のように述べた。

「山家公頼殿や安藤継明殿が、その身をなげうって君家の難に殉ぜられたことは、これを忠臣の鑑として、神として祀ることは当然のことである。武左衛門は、その身を犠牲にして民の塗炭の苦しみを救済した。その行いは、安藤公らと同じく認められてよいはずである。安藤神社や和霊神社は、伊達家に関係する人たちだけでなく、一般の民衆も崇敬してやまない。にもかかわらず、武左衛門翁には、一片の墓碑も無く、一回の祭典も行われたことがない。これは封建時代においてはやむを得ないことであったが、現在の世の中において、未だにこの状態においておくことは決して当を得たことではない。」


正命氏は、農民の間で恩人として語り継がれる伝承を聞き取り、「安藤忠死録」などを参考にして、「武左衛門翁伝」を著した。史料が乏しくなかな

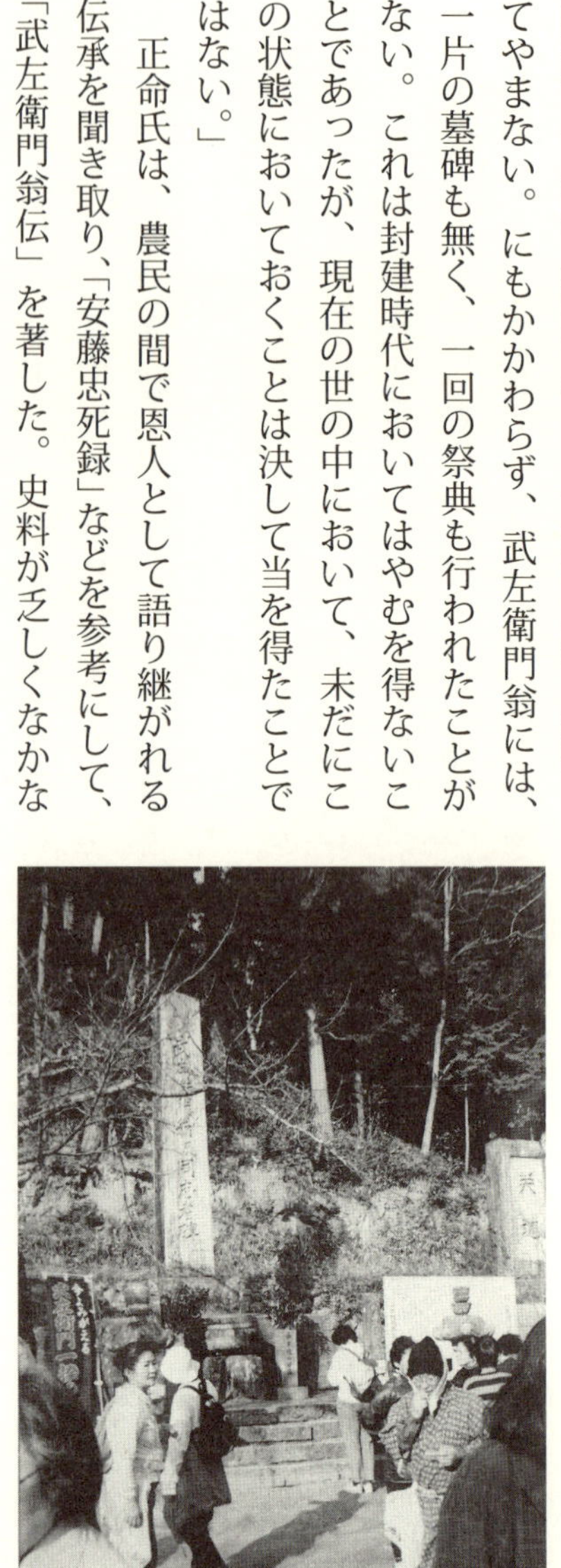
済世救民武左衛門翁及同志者碑

かわからないと記しているが、供養することも、語ることを封ぜられて来た歴史があり、武左衛門のことはほとんど伝わっていないのである。

さて、井谷正命氏は、武左衛門の霊堂を建立すべく碑石を購入したが資金が尽きて、宇和島の港に置かれたままになっていた。子息正吉氏は、南予農民組合の九百名の応援を得て、武左衛門の郷里日吉村まで、その巨石を引いて帰った。そして昭和二年五月十三日、日吉村明星ヶ丘において盛大に建碑式が挙行された。

さて、井谷氏が顕彰をした結果、直ちに武左衛門が義農となったわけではない。吉田新報社によって「吉田百姓一揆の顛末」（大正四年）として発行され、安藤廟所で販売した。その表紙には、「安藤神社及び廟所の由来　侠夫熊田武左衛門の事績」とある。同書は、井谷正命筆の「日吉村誌」も参考にしたとある。国賊（「伊達秘録」）から、侠夫に変化し、改善の兆しが見られる。

第三顕彰期

井谷正吉氏の薫陶を受けた日吉村の上田吉春氏は、長年、日吉村役場に勤務した。過疎化の進行する山村日吉村を、人作りによって活性化しようと志し、武左衛門の顕彰を始めた。それは着々と結実し、武左衛門ふる里祭りや武左衛門太鼓等となって定着していった。昭和六十二年、ふる里祭りに始めて一揆を再現した武左衛門行列が登場した。

こうして一揆後二百年を迎え、記念行事を行う機運が高まった。ちょうど二百年にあたる平成五年

（一九九三）二月十一日（この日は一揆勢が近永と宮野下に集合した日）に、「あれから二百年　今よみがえる武左衛門一揆の道　歩いてみよう」という催しが開催された。また、前夜祭として「武左衛門を語る夕べ」も行われた。

主催は、「日吉村若者塾・一希を起こす会」と「武左衛門翁顕彰事業推進委員会」である。また、松浦洋一氏が属する愛媛県歴史教育者協議会も協力した。武左衛門の名が知られるようになったのは同会の研究活動も大きい（「歴史と教育第十三号　特集伊予国吉田藩百姓武左衛門一揆」一九九三年）。

八幡河原を徒歩で出発し、三間で桑名屋の故事にならい昼食を振る舞ってもらい、以後はバスで広見川をさかのぼり、途中から再び徒歩となり日吉村に帰った。筆者も参加した。

平成八年（一九九六）十一月には吉田町と日吉村の人々による和解の行事も行われた（口絵写真参照）。武左衛門に扮しているのは日吉村長、安藤儀太夫に扮しているのは吉田町助役である。こうして安藤儀太夫は義人、武左衛門は義民として同列に評価されるようになった。

これも時代の要請に応じたものと言えよう。

平成九年十一月には、日吉村で「第二回全国義民サミット」が開かれた。平成一二年の宇和島城築城

武左衛門と 24 名の同志者の群像
武左衛門一揆記念館（鬼北町日吉）

四百年祭には、八幡河原から宇和島城まで一揆姿の日吉村民が行進した。口絵写真は、友岡代官が山奥勢を制止した場面を再現した時のものである。こうして、宇和島市との和解行事も行われたのである。武左衛門一揆記念館、武左衛門堂も次々と完成していった。

第２回全国義民サミット
日吉代表は、上田吉春氏（右端）

この三つの顕彰期により寛政五年の一揆の姿は、それぞれの時代に応じた評価が行われた。史実は見えにくくなったが、この一揆は生き続け、それぞれの時代の人々の生き方に示唆を与えていったとも言える。このことの方も重要であろう。

上田氏は武左衛門の子孫と伝えられる熊田家のすぐ近くに生まれた。祖母は同家から嫁に来た。熊田家の人たちが、武左衛門様として大切に祀っているのを見聞きして育ったという。自分が武左衛門の子孫の一人であるという思いが行動させた。今日、武左衛門の名が知られるようになったのは、氏の功績が大である。

二　虚構化の激しいとされた旧来の史料

旧史料の系統図

吉田騒動記・伊達秘録―安藤忠死録（城井正心）
伊予簾
　―安藤忠死録（甲斐順宜）―武左衛門翁伝（井谷正命）
不思議話取寄草

まず、従来から知られた物語を整理しておきたい。これらは全て写本で、原本は伝わっておらず成立の事情はわからない。内容も物語化が著しい。史料として価値があるとは思われず、愛媛大学教授白方勝氏のみが丹念に調査しただけであった。しかし、平成以降の新発見史料と対比すると、一揆の経過についてはおおむね正確であるとわかり、史料としての利用価値が生まれてきた。

「吉田騒動記」（宇和島市立吉田図書館、愛媛県立図書館蔵）は原題さえも定かでないが、吉田家中の者が一揆直後、まだ頭取が定まっていない段階で顛末を書き残したと推定される。近永で武左衛門が願書を提出したことを記すが、まだ頭取としては扱われていない。また、江戸へ至急の使者を送った際の旅費まで記されている。内容は家中の者が見聞きした範囲に留まり、同時期に書かれた「庫外禁止録」に遠く及ばない。これが書かれた時期では、表だって一揆を論ずることができず、同書は密かに所蔵されたと思われる。西園寺源透氏がいずれかで見いだし書写したものが、愛媛県立図書館に保管されている。これを元にして『日本農民史料聚粋』第四巻に活字化された。吉田図書館本は、吉田藩沖村庄屋清家氏に伝わるものを、昭和五十八年に書写したものである。最初の頁が原本から欠落しているために題名がわからず、「安藤騒動記」という仮題が筆写の際に付けられたが、内容は同一である。「庫外禁止録」が誰の目にも触れなかったのに対して、同書は「伊達秘録」の下敷きとなった。一揆の物語の原型を作ったと言えよう。

「伊予簾」は一揆の評価が定まった時期に、宇和島家中の者が書いたと推定される。写本が四冊のみ伝わる。成立は文化七年（一八一〇）説、文政五年（一八二二）説があるが、もう少し遡れるかもしれない。内容は、宇和島藩の仁政的対応と安藤家老の忠孝を広く知らしめる読み物であり、構成、文章共に整っている。武左衛門の名はなく、頭取が一名処刑されたと簡単に書くだけである。写本の内一冊は、「庫外禁止録」と共に、吉田の某所から反故紙同然に出ており、いったんは安藤神社に納められた。それを、井谷正命氏や西園寺源透氏が借りだして書写した。やがてこの二冊は安藤神社から離れることになった。このいきさつについては白方氏が研究している。「伊予簾」は、『武左衛門一揆講釈』『武左衛門一揆考』（共に白方勝著）において活字化されている。

「伊達秘録」は、「吉田騒動記」に、頭取逮捕等を書き加え、安藤家老賛美を強め、物語化したものである。

武左衛門を極悪人とし、天はこれを許さずと記している。また、一揆は宇和島藩の役人が手引きしたとも書かれている。さらに、安藤家老の十七回忌に入牢中の頭取たちが大赦されたこと、継明の妻が天保四年（一八三三）に死去したことまで書かれている。したがって、成立時期はこの後であるが、嘉永六年（一八五三）の安藤信仰発生までと思える。吉田における安藤継明の物語は同書で完成した。同書は『愛媛県史資料編近世下』に活字化されている。

「不思議話取寄草」は、神となった安藤氏の霊験話を集めている。この中に武左衛門の子供が神罰を受けた話などを記している。著者は不明だが内容から成立は嘉永七年と考えられる。

「安藤忠死録」は、安藤信仰の発生以後、「伊達秘録」に基づいて書かれたものである（本書一七頁参照）。甲斐順宜著作の「安藤忠死録」は、明治三十九年に活字化されて出版されている。

「武左衛門翁伝」（井谷正命著）は、これらの物語を元に、日吉村の古老の伝承を合わせ、武左衛門の事績を入れる形にしている。井谷家では、「伊達秘録」「伊予簾」「庫外禁止録」の写本が伝わっている。なお、武左衛門が三年間チョンガリをしながら領内をまわったことは、同書で初めて登場するので、口碑として伝わっていたことがわかる。なお、武左衛門が八幡川原に行っていないことになっている。これについては、新発見史料の中から、三間に行っていないことの誤伝であることがわかった。

さて、安藤氏が神格化される過程を述べておきたい。

吉田藩は、一揆を幕府に届けることを免れたが、後難を心配して一揆を秘した。その後、この一揆がどう語られたかは不明であるが、嘉永六年（一八五三）に、安藤信仰が起こり、神格化されるのである。

この事情は次の文が語る。これは『吉田町史』（五〇二頁）からの引用で、当時の家中の書簡である。

> さて、安藤御氏に、けしからぬ霊験が御発向、七月以来近在、近国の者はもちろん、遠国上方よりも参詣おびただしく、吉田市中大繁盛、海蔵寺（注…墓所がある）大当たりの由、さてさて珍しき事実で、吉田には前代未聞のできごとです。かような良いことはなにとぞ連年続いてほしいものです。遠国から来た者には、盲・いざり・その他難病の者が全快するなどいろいろな霊験があるそうです。ところが、いまだ、肝心の御家元を始め御家中にはさしたる事がありません。これは全く信仰が薄いからでしょうか。ことわざには灯台もと暗しと言いますが、当地は、行燈（あんどん）元暗し（注…安藤をかけている）でございます。あの不思議話の一件はいまだに虚実がわかりません。

不思議話とは、豊後保戸島の漁師が御五神島の沖で休んでいると、夢枕に、安藤継明が立ち、まもなく嵐が来るので避難せよと言ったというものである。そして、この漁師が、吉田へ来て、安藤様とはどのような方でございますかと問うたのが、大流行のきっかけとなったというものである。

これからすると、安藤氏は家中には忘れられていた存在だったようである。そして、庶民に信仰が流行し、公然と語れる雰囲気となった。さい銭がカマスに何俵も集まるという大にぎわいの中、民衆の好奇心に応えるべく、大急ぎで昔の本が探し出され、逸話を書き加え、清書して世に出したものもあることがうかがえる。

さて、六十一年目の嘉永六年（一八五三）という年代にも注目されなければならない。

嘉永四年、翌五年にかけて、義民佐倉惣五郎の芝居が江戸・大坂で大ヒットをおさめ、あやかり商売に湧いた（『百姓一揆とその作法』八十五頁）。

物語によると、惣五郎は将軍へ直訴を行い処刑された。しかし、願いはかない、やがて、藩は改易となった。史実としては確認できないというが、惣五郎は全国で最も信仰を集める義民となった。惣五郎物語の一つの山場に家族との別れがあるが、儀太夫の話もまた、家族との別れが涙を誘う場面にしたてられている。儀太夫は切腹を覚悟して家を出たのであながち創作とも言い切れないが。

また、儀太夫の年齢を四十七歳としている。これは、赤穂義士の四十七士からの流用であろう。切腹の当日、「安藤儀太夫は三十九歳と世間は言っている」と「八幡神社社記」は書き残している。八幡神社（宇和島市伊吹町）の目の前の八幡川原で起こった事件を当日書き残したのであるから、信頼性は高い。

東の惣五郎、西の安藤儀太夫として、売り出そうと企画した者がいたにちがいない。そして、こちらも大当たりを取った。

江戸期の物語は農民側を軽挙妄動な民として描いており、さらに、安藤信仰の影響を受けて写本の際に改変された形跡もある。原本も存在していない。それゆえ、史料として利用することはためらわれた。『編年百姓一揆史料集成』に、この一揆の史料として採用されたのは、宇和島藩野村の緒方家が聞き書きした「吉田御分百姓中騒動聞書」である。これは一揆の風聞を記録したもので貴重であるが、内容量は少ない。

残された史料は史料価値の低い諸物語であったが、次に紹介する新史料の登場によって一揆の経過については正しく記述されていることが証明された。

特に、役人が酒を振る舞って頭取を聞き出したという伝承などは作り話と思われ、旧史料の史料的価値を落としてきたのであるが、驚くべきことに事実であった。

三　新史料続々と出現

昭和五十年代から、日吉村上田吉春氏、松浦洋一氏らが、一揆の顕彰と研究を進めた。一揆への関心が高まる中、平成に入って続々と新史料が出現した。それらは一揆の直前、最中、直後のものである。両氏や白方勝や清家金治郎氏らが分析をすすめ、新事実が次々明らかになっていった。筆者は、それをもとに、四国西南諸藩の紙生産という新しい視点から、国境を越えた紙生産の結びつきを明らかにしてきた（『よど』創刊号「泉貨紙の源流を求めて」）。

これらの新史料より、井谷正命氏以来の一揆研究に史料による検証ができる時期となった。また、二つの顕彰期に付加された物語的部分を除去することが可能になったのである。

それでは、新発見史料を紹介していく。

「庫外禁止録」

吉田藩中見役鈴木作之進が一揆を細かく記録した「庫外禁止録」がある。彼は、職務上村々を一番よく知る立場にあり、一揆の時は、取り鎮めの最前線で活躍した。鈴木氏は、決して人目にふれさすなど書き残している。やがてこの書は鈴木家から流出し、安藤神社所有となっていた。昭和二年、井谷正吉氏が借りて、父正命氏が筆写したことは先述の通りである。

その後、この書は安藤神社から離れ、現在個人の手にある。昭和四十年に内容の一部が紹介されたが、全文は公開されないままになったいた。近年、井谷正命氏の筆写していたものが見つかり、『庫外禁止録（井谷本）』（平成七年日吉村教育委員会発行）として発刊された。また、原本のコピーも、武左衛門一揆記念館にある。

作之進は、村々に情報提供者を育てており、内情に詳しかった。天明七年の土居式部騒動では、未然に計画を察知し手柄を立てている。一揆の事前情報も度々上がってきて、頭取を探索したが、とうとう特定できなかった。農民側は式部の件に懲りて、慎重に行動した。したがって、この書は作之進に見えた一揆の姿となろう。

「屏風秘録」

平成三年、吉田藩下三ケ浦の元組頭宅に伝わる伝吉田藩拝領の屏風の中から、数百点の藩庁文書が現れた。この中には、一揆前後の藩役人たちの連絡文や控えなどが大量に含まれていた。廃棄文書を下張りとして再利用したと思われる。そのため、切断されて断簡となり、しかも、一揆の当日不眠不休の中、大慌てで書かれたため非常に読みにくく、解読は相当な年月がかかると見られた。

しかし、発見者で所有者でもある清家金治郎氏が独学で解読し、『屏風秘録』（平成六年）、『続屏風秘録』（平成七年）、『屏風秘録にみる伊予吉田藩百姓一揆』（平成八年）として、速やかに発刊した。この中に、「嘉兵衛一名武左衛門」という記述があり、武左衛門の実在がついに証明されることになった。また、この文書群は、鈴木作之進が「庫外禁止録」を書くに当たって、手元において読み返しながら利用したものであると推定された。一心同体の二史料が同時に出てきたのはまさに奇跡であった。この文書群に対して、清家氏は「屏風秘録」と名付けられた。清家氏は、三間にも一揆を主導する者がいたとする見解を出されており、傾聴に値するものである。「庫外禁止録」が鈴木作之進の主観で書かれているのに対して、客観性を持っており、二つをつき合わすことにより多くのことがわかった。

本書は、清家氏の解読によって成り立っている。

以下、本書では「屏風下張文書」と表記する。

「吝嗇（りんしょく）ちよむがり」

江田豊氏が、調査のために訪れた西宇和郡三崎町（現伊方町）明神の元組頭宅で発見したものである。その一部は、歴史評論第三十六号（一九五一年）に紹介された。

これは当時、いくつかの書物に引用もされたが、その後は省みられることがなかった。裏付ける史料が全くなかったからである。白

吉田藩下波浦（現宇和島市下波）　清家氏宅は中央

方勝氏の仲介により、平成八年、江田氏から日吉村「武左衛門一揆記念館」に寄贈された。この史料の発見の経緯も劇的であり、「ちょんがり節を寄贈するにあたって」(同記念館蔵)に詳しい。このチョンガリ節の題名は「吝嗇儀太夫が詰腹」であり、「伊達秘録」「伊予簾」の言う義死と真っ向から対するものである。吉田藩の悪業を語り、吉田役人の対応を茶化している。

さて、このチョンガリ節は、百姓の作とは思えない。「伊予簾」では、役人や商人の強欲を書き並べ、それを「専ら吝嗇を思う世の有様となりて」とまとめている。この吝嗇の意は、利をむさぼるという意味で使われているが、チョンガリ節の吝嗇も同じ意味で用いられている。一揆直後、藩政を批判する吉田藩の家中の者が匿名で書いたものであろう。

さて、儀太夫自身が吝嗇な性格であったのでなく、儀太夫に吉田藩を象徴させているのである。このチョンガリ節は、一見虚構のように見せかけながら、「屏風下張文書」と「庫外禁止録」につき合わすと人物名や出来事が正確である。史料としての価値が生まれたと言えよう。白方勝氏は、言葉遣いの違いから本地方で発行されたものでなく、元となったチョンガリがあって、それを書き改められたはずだと述べている。

このチョンガリ節とは別に、「寛政五癸丑二月吉田騒動落書集」が発見された。これは、吉田藩家老飯淵家に伝わったものだが、元は、宇和島藩徳弘家が所有していたものだという。宇和島藩郡奉行徳弘弘人は一揆解決の最前線にたった。これは一揆後のチョンガリ二つと狂歌などを収集したものである。このチョンガリは、「吝嗇ちよむがり」を簡略化したものか今後の研究を待たねばならない。

「吉田御領乱立聞合書事」

寛政四年十二月三十日から翌年二月十七日に至るまでの数次の報告集である。土佐領西野川口番人西村治佐兵衛、檮原村番人庄屋玉川善右衛門による聞き合わせである。伊予側の記録にない貴重な事実をのせている。檮原は山奥と境を接している。庄屋が一揆の話し合いの場を提供したり、廻状をまわしたと書いてある。「庫外禁止録」では、庄屋は郡奉行所の指示に従う藩側の人間である。庄屋は両者の間にあって仲介に苦労しているので、事実はこの報告通りかもしれない。高知図書館蔵「兼松文書」の中に原本があったが戦災で消失した。写しが岡山大学付属図書館に残っている。

「予州吉田御領宇和島御領聞合書写」

寛政五年十一月、中村詰下横目三八が、一揆指導者の取り調べが終了したとの風聞にもとづき、予土国境の村々から聞き合わせたものである。これには、「伊達秘録」にある武左衛門逮捕の伝承が書いてあり驚かされた。安芸市立歴史民俗資料館蔵の五藤家文書の中のものである。

新旧史料とも、それ一つでは大きな価値を生まないが、すべてを並べてみると、意味が生まれてくる。たとえば「吝嗇ちよむがり」は、「庫外禁止録」や「屛風秘録」の内容とぴたりと一致するので、吉田藩の家中の者でないと書けないことがわかり、史料としての価値が生まれてきた。

また、「伊予簾」や「伊達秘録」も、一揆の経過については、「庫外禁止録」と「屛風秘録」と一致するので、信用してよいことがわかった。特に、土佐藩の二つの聞き書きによって、「伊達秘録」と「伊予簾」

に作り話は入っていないことがわかった。

「伊予簾」には、絢爛豪華な騎馬武者が一揆の行く手を遮った話が入っているが、それも、「屛風下張文書」により大目付井上治兵衛が該当することがわかった。また、泥田で泥まみれになったのは郡奉行であるが、それを和尚にさし変えてあるのがわかった。

このように旧史料群も史料的価値が見いだされたのである。

第二章　明らかになった一揆の真実

「庫外禁止録」をもとに、「屛風下張文書」で補いながら寛政四年（一七九二）十二月からの経過を再現してみる。「屛風下張文書」は、一揆の当日の通信文で非常に難解であるが、今後の一揆研究には欠かせないので、引用を明らかにした。なお、二書で足りない部分は他の史料から補った。文書番号は、『屛風秘録にみる伊予吉田藩百姓一揆』（清家金治郎著）によった。一揆の経過についてはほぼ正しいことが、新発見史料より明らかになっている。「伊予簾」「伊達秘録」など旧来の史料も、八幡河原においては、吉田藩は一揆勢と交渉していないので、「伊予簾」を参考とした。

一　ためらう山奥

十二月十九日　内通者より鈴木作之進へ一揆の報せが来る

中見役鈴木作之進の元へ、山奥より女の体裁をとった手紙が届いた。かねてより彼が村々の情報を提供させている内通者であると思われる。彼は、その名をかたく秘すと書き残している。その手紙には、「二十日夜、奥より誘い出して来るという風聞がある」と書かれていた。

即刻、奉行衆へ知らせたところ、「夕方吉田を出発し、三間にて二、三人の庄屋と相談して取り鎮めの方策をたてよ」と指示があった。夕七ツ時、足軽弥惣治・喜久右衛門を伴って出発した。この時、山奥の庄屋たちは、吉田へ楮御用で出ていたので直ちに帰らせた。

三間へ向かう道筋で、日向谷(ひゅうがい)村庄屋井谷庄治と出会い、子細を打ち明けた。彼に、日向谷から下鍵山までの取り鎮めを行うこと、帰路小松村へ立ち寄り庄屋に伝えること、翌朝、小松村からこちらへ山奥の情報を伝えることを指示した。

日暮れ前、中野中村へ到着した。足軽弥惣治と同村の小頭の二人に、変わったことがあればただちに知らせよと指示し、夜道を小松村まで走らせた。

内深田村、古藤田村、中野中村の三人の庄屋を呼び、翌二十日早朝から山奥へ向かうことを決めた。

十二月二十日　高野子村を鎮める

早朝、井谷庄屋から、小松村は静かで異変はないと報せてきた。

一行が大内村にさしかかったところ、高野子村御番人喜平太が注進して来るのに出会った。彼は息をはずませ、次のように述べた。

「山奥は今夜、月を合図に立ち、川筋へ回り村々を誘い出すとのこと。準備をしております。わたしは、夜中に村を抜け出して夜通し走ってきました。」

喜平太と一緒に、日向谷の御番人原吉の使いもいた。彼らは、畦屋村で出会ったという。彼の所持する書状にも同様のことが書かれていた。

この者には、このあとのことをよくよく申し聞かせ、引きかえさせた。喜平太は、御郡所へそのまま走らせた。

中間（なかいだ）村庄屋が追いついて来たので、彼には三間内の取り締まり、川筋への連絡を命じて帰らせた。

鈴木作之進と三庄屋は、小松村で相談し、取り鎮めの分担を決めた。配置は以下の通りである。

小松村に古藤田村庄屋
川上村に中野中村庄屋
上大野村の組頭宅に内深田村庄屋
日向谷、下鍵山には日向谷村庄屋井谷庄治

上鍵山村は、当年お救い（救済）を行ったので心配ないとして庄屋に任す。

高野子村は一揆の震源地で、この村が立つのを各村は待っているとして、鈴木以下役人二名が詰めることにする。

また、村々へ申し聞かせる内容は以下のように決した。
一、越訴は天下の御法度である。また、上の御祝儀（村芳が新藩主になった）を汚してはならない。
一、願いの筋があれば正月十一日以降に、手順を踏んで出すこと。
一、越訴に及べば咎人がでる。自重するように。

高野子村へ入った鈴木作之進は、主立った者を二、三人ずつ呼び出し、諭すがごとく説いた。

「下筋から高野子村を一揆の誘いに来るという風聞があるので来た。もちろん、お前たちが容易にひっぱり出される者たちでないことはわかっている。願いがあるなら、正月の中旬に詳しく書いて出せ。十が十までかなわぬようでは、御奉行様も役目を果たしたことにならぬから、信用せよ。願いの返答を待たずして一揆に加わって咎人を出してはならぬぞ」

鈴木作之進や庄屋の説得に村々は感激したようであった。もう一揆の恐れはないと判断された。

十二月二十一日　小松村、一揆来るの噂で大騒動

足軽弥惣治を鍵山、日向谷へまわらせ、報告書を受け取らせ、上大野村で合流した。そこには、内深田村庄屋が詰めている。彼には、川筋へ回り、庄屋たちに今後の備えを伝えてから帰宅するよう命じた。また、配下の三人の足軽には、今晩、それぞれ別の村へ宿泊させ、用心させることにした。鈴木作之進は延川村へ泊まった。

延川村に着くと、昨夜、小松村では一揆が二手に分かれて奥から出てくると大騒ぎしていたと報告を受けた。

しかし、昨日、鈴木作之進が奥組を見て回ったところ、いずれの村でも楮の仕立てを静かに行ってその気配は感じられなかったのである。

十二月二十二日　鈴木作之進、一揆なしとして帰る

鈴木作之進と足軽三名は吉田へ帰着した。すでに、二十日、二十一日と手紙で山奥の動向は報告してある。

十二月二十五日　嘆願書提出される

先の三庄屋からと思われる嘆願書が提出された（一の二十一号文書）。宛先、日付とも不明であるが、清家氏はこの日と推定している。

この嘆願書には、紙方仕法について三ケ条の改善点を上申しており、百姓たちの心を静めるために、差し障りがあっても、とにかくいったんはお聞き届け下さいとすがっている。

十二月二十六日　領内探索始まる

蔭地組代官岩下萬右衛門を山奥へ派遣し、翌一月十一日まで滞在させた。また在目付江口円左衛門も同じく十二日まで滞在させた。また、川筋方面へは中組代官平井多右衛門をつかわした。さらに在目付助役二関古吉には年末年始と川筋方面を巡回させた。彼らが村々の様子を報告した書状は、「屏風下張文書」に多数残っている。二関は猟師に化けてまわった（一の十九号文書）。また、岩下・江口は、連名で「今のところ穏やかで年内は心配ないが、それ以降は不安である」と郡奉行小島源太夫に報告した（一の二十号文書）。

さらに、村々へ入りこませた者たちからの報告書が十数通も「屏風下張文書」に残っている。それによると、一揆に出るという噂はあり、もし来たら一緒に出ねばなるまいと言い合っているが、村々は平穏であるというものであった。新年になったら願いを聞きに来てくださるということでかろうじて平穏が保たれているのである。代官岩下は、持病が悪化して思うように働けないことの詫び状を小島に出している（一の二十四号文書）。

十二月二十九日　再び一揆の風聞

夜、岩下より鈴木作之進へ急報があった。元日に一統が出ると申し継ぎが延川村へ来たそうである。鈴木作之進は、三十日朝早く山奥へ向かった。

（注）一揆決起の申し継ぎは、通常の村々の伝達ルートが使われている。だから、すぐわかってしまうのである。
このことは、指導部による内密の連絡ルートはなかったことを物語る。

十二月三十日　風聞は虚報

川上村で代官岩下に会った。この申し継ぎは同村の酒屋より川上（山奥方面）では聞いたものがなく、したがって、この村から川下へ向かって出されたものだが、村内は落ち着いており心配はないという。鈴木作之進は胸をなで下ろした。

一月一日　鈴木作之進山奥で正月を迎える

鈴木作之進は午前中は、百姓たちが庄屋へ年頭の挨拶に来るので遠慮して動かず、昼から、上鍵山へ行き、修験者の光徳院と語り、その晩泊まった。この「庫外禁止録」の記載を裏付けるのが、一の三七号文書である。この文書で、一、二日の行動予定が報告されている。

一月二日　吉田へ帰る

帰る道々、気軽な顔して知り合い宅へ立ち寄り、一揆に対する警戒を頼みながら、翌三日吉田へ帰った。

一月五日

百姓の願いの筋を速やかに聞き取るための手はずを庄屋たちに命じた。

一月六日　三度目の一揆立つの急報

平井多右衛門より急報があった。「今朝明け六ツ時に山奥から奥の川へ山越えで一揆勢が出てくると、小頭権蔵に申し継ぎを行った者がおります。」という内容であった。

鈴木作之進に出向くよう命が下った。途中、平井からの使者と出会い、虚言であったという書状を受け取った。鈴木作之進は、山奥が気がかりなため、道を変え、小松村にいる代官岩下に会いに行った。彼は、山奥は静謐ですと報告した。

そこで、鈴木作之進は、明日は川筋（奥の川）方面に出て、探索してみようと決めた。また、この日、三間の庄屋たちが願書聞き取りの仕事に携わるため小松村へ来た。

一月七日　郡奉行、山奥へ出向き願書を聞き取る

早朝、中見役（兵頭）敬蔵からの書状が届いた。小島源太夫（郡奉行）と簡野伊兵衛（目付）が、願いを直に聞き取るため六日夜音地村に到着、七日に山奥に入るという内容であった。

鈴木作之進は、二人の上役の行動に不満であった。郡奉行様まで出てきてはことを大きくしてしまいかねないと思うのであった。彼の予想は的中することになる。郡奉行様にまで申し上げても願いがかなわぬと落胆した百姓たちは宇和島藩をたよることになるからである。

さて、鈴木作之進は七日、代官平井と会い、前日の噂を検討した。このことは「庫外禁止録」には記載がないが、「屏風下張文書」文書に調査報告が多数残っている。

誰は誰から聞いたと問いつめていった結果、奥の川村の百姓善右衛門が吉野村（土佐の物産も集まる商人町）に年末の買い物に行った際、土佐者から聞いたということにたどり着いた。しかし、これは嘘であると思えた。真実は、山奥から山越えで奥の川村小頭権蔵へ伝え、次は蕨生村の小頭伝七に伝わる手はずになっていたはずである（一の三九から四四号文書）。これは本当に一揆にたとうとしたのだと結論づけ、山奥の庄屋役人、小頭だけにいきさつを伝え、動きが見えれば直ちに説諭せよ、止めきれなかったら急報せよと伝えた（一の四五号文書）。

また、百姓の出てくるであろう経路も予想を立て、出てきた場合の手はずを立てた。さらに、昨日の急報のため待機していた三間の庄屋衆に、直ちにこちらへ来て願書の聞き取りに着手するよう命じた。

願書の聞き取りを始めたところ、百姓たちの顔に笑顔が見られるという報告が届いたので、鈴木作之進はほっとして吉田へ引き上げることにした。

彼は、一揆の噂を流して歩いているのは、チョンガリらしいので、これらを追い払ってから帰ると報告している（一の四六号文書）。

一月十一日　蕨生村の願書提出

願書の聞き取りを終えて、各担当者が引き上げてきた。村目付江口円左衛門だけが御用で残った。

さて、この願書の内、蕨生村が出したものがある（一の五四号文書）。

この文書では、同村が一揆の首謀者とされることを巧みに避けながら遠慮がちに申し上げている。主な内容は、新「紙方仕法」の方法では紙漉きができないこと、寛政二年に命じられた返済を免除してほしいことである。

一月十五日　飯淵家老に意見を上申

この日付で、家老飯淵庄左衛門に「御内々御嘆申上口上覚」が出されている（一の五二号文書）。これは鈴木作之進が、直属の上司の郡奉行を越えて、家老に直接出した意見書であると思われる。

内容は、今度の新仕法の内特に法花津屋の紙買い上げ価格に百姓は不満を持っており、吉田へ出て法花津屋に乱暴を働くか宇和島へ出る可能性があるとしている。後半部分が欠落しているが、鈴木作之進は根本的な解決を上申したと思われる。

一月二十三日　願書裁決申し渡し

岩下万右衛門、二関古吉、鈴木作之進が願書裁決の結果の申し渡しに出向いた。

裁決内容は以下の通りである。

法花津屋二軒の独占紙商売を止める。楮元銀（紙の原料を購入するための前貸し金）は、法花津屋に代わって藩が貸し、返済に相当する紙を御用紙として収納する。残りは、紙買いたちに競争で買い上げさせる。紙買いについては百姓の利益になるよう多数命ずる。

その他、年貢納入法など七か条が認められた。しかし、第一の願いである紙方役所の廃止と古借金取り立て免除は却下された。

一の五四号文書はこの申し渡しの覚えであり、百姓に有利な「受け運上」も却下されていることがわかる。百姓の真の願いは、各商人との自由売買にして、売買の際に「運上」（税）を徴収する制度である。税を定額（受け運上）にしてもらうともっとよい。これらは、土佐藩でも宇和島藩でも実現している。土佐藩では、池川一揆で運上自体が廃止されている。裁決はいくらか改善されたという程度のものであった。

裁決はいくつか行き違いが生じてしまった。

紙方役所の廃止とは、紙方役所による取り締まり業務をやめることを意味する。紙方役所は抜け荷改めに手先（提灯役人）を雇ったが、その手先がさらに遍路や乞食を手下として雇った。結果、百姓の不正はないのに紙を盗んでいく者が現れた。家のネズミをかるがごとく抜け荷改めが家々に勝手に出入りした。

鈴木作之進も、二十二日夜延川村へ泊まった時、村人がたいまつをともして鉄砲を撃ちかけ大勢で盗人を追いかけているのを目撃した。

雇われて紙方下役となった栄蔵という者は、特に嫌われており、この者は絶対、村々を回らせてはならないと重ね重ね申し上げておいた。これは百姓たちの強い願いである。紙方役所からも承諾の返事があった。ところが平然と出回っている。

また、紙方役所の下役吟右衛門が御用で村々を回った時、彼は申し渡しの内容をよく知っておらず、紙は残らず藩が買い上げると発言した。楮元銀相当量買い上げと全量買い上げは大きな違いである。

郡奉行の面目は丸つぶれとなり、以後、村々から、吉田の狸役人と呼ばれるようになった。信じただけに裏切られたという思いは強かった。郡奉行二名と中見役鈴木作之進に対する百姓の評価をみよう。

鈴木作之進夫婦の墓（一乗寺）
『庫外禁止録（井谷本）』より転載

冬春の　狸を見たか　鈴木どの　ばけあらわして　笑止千万

これは、後日、武左衛門宅の家捜しの結果出てきた狂歌であり、鈴木作之進は、自分へのあざけりをそのまま記載した。冬春は当春（正月の願書聞き取り）をかけている。

ある。

「吝嗇ちよむがり」には、「御吟味方とて鈴木が眼(まなこ)も欲にはくらんで」とある。日頃から、農村にくいこんでいるだけに、贈り物なども多く受け取る立場にあったのであろう。

彼の墓碑銘は「質朴忠勤」「格禄頻りに進み」「褒賞数々賜り」とあり、勤勉な実務家であったようである。

次は奉行横田茂右衛門である。

「吝嗇ちよむがり」には、「吉田の悪事をいちいち打ち明け、おのが身構え、正直過ぎたる横田の茂右衛門、百姓を憐れむ心はあれども、源太にわちゃわちゃ突きまわされてさ、心にまかせぬ御上の言いつけ、それからくじけていつかな出て来ず」とある。

正月の願書の聞き取りでは、郡奉行所と紙方役所の意志疎通ができていないこと、御家老衆が耳を傾けてくれないことなどを正直に話したものと思われる。

次は、もう一人の奉行小島源太夫である。

どうぞがなと　すがる小島の　袖きれて　宇城の袖に　すがる三萬
いたわしや　ていねいかふの　人なれど　提灯めらに　小嶋かされて

小島は小縞をかけている。三萬は吉田三万石の百姓一統のこと。宇城は宇和島藩のことである。「吝嗇ちよむがり」には、「御郡源太は内股膏薬」とあり、百姓と藩の両方にたって苦労したのであろう。
「いたわしや」の歌は、「吉田御分百姓中騒動聞書」にある。提灯とは、紙方役所の役人をさす。「小嶋かされて」は、「負かされて」をかけている。

さて、願書の評定の様子を「吝嗇ちよむがり」からみてみよう。

「御奉行へお願い申せば、かぶりをうちふり、庄佐に儀太夫、尾田の馬鹿めはお二人次第と、百姓の泣くのは何ともござらぬ、お上の威光で大きな顔して、横柄ぬかして取り上げなければ、かはいや百姓は泣く泣く帰る」

三人の家老は、互いにお二人次第と言って話が進まなかったようである。さらに、「このよな家老を譲りて貰うは、うたていことだぞ。さてまた、この事宇城へ言うなと儀太めがぬかして」とある。

安藤儀太夫は、宇和島藩主村候の推挙によって家老職に就いたと「伊予簾」巻の三にある。「伊達秘録」にも同様の記載がある。それがこの新発見史料にも記されているのが興味深い。さて、儀太夫が宇和島藩に伝わるのを止めようとしたのは、失態が公にならぬよう、解決したい気持ちがあったのである。八幡河原でも、「宮野下まで引いてくれ」と百姓たちに懇願してる。これは、儀太夫だけでなく、吉田藩の考えでもある。

二　戸祇御前山の誓い

二月三日　川筋一統、三間一統、山奥へ一揆を促す

この時、二通の書状が奇跡的に残っている。重要なので原文を載せる。まず一の五五号文書である。前半を少し略す。

今日か明日かと待ち入り申候間
片時茂急き村々不残罷被出可申候
其節一同御相談申合宜敷御願申上候以上
　　　　　　　　　　　　下寄川筋
二月三日
　　奥寄御村々
　　　不残

意訳すれば次の通りである。

奥寄りの村々様へ

出てこられるのを今日か明日かとお待ち申し上げております。片時も早くおいで下さい。みなが合流しましたら一同で相談して願書を出しましょう。

下寄りの川筋の村々より

次は一の五六号文書である。前半部分が欠けているが意味はおおよそ理解できる。

候義杯百姓願ケ条之重立候分かと奉存候依而紙役所ハ以後相止可然と奉存候
吉田表へ御願申上候義相叶不申候に付
此度まくり持参にて宇和方江御百姓中不残罷出後より之御願申心得にて
をく六千石之出立斗待兼居申候いかがの義候哉此段相尋申候
壱先も急に御出立可被成　以上

三間合（郷…筆者注）

二月三日

奥筋御百姓中

意訳すれば次の通りである。

奥筋（山奥十か村）の村々様へ
わたしどもも紙役所は廃止するべきだと思っております。
吉田への嘆願がかなわなかった以上、ござ持参の上（滞在するのでござがいる）宇和島様へお願いにまいりたいと思っております。奥六千石（山奥十か村の村高、すなわち山奥をさす）の出立を待ちかねております。どうなされましたか、一時もはやく、急いでおいで下さい。

三間の村々より

一統（全ての村）が立てば、宇和島藩は、百姓のわがままでなく、百姓に正義があると認める。そのことは百姓たちにみなわかっている。しかし、一揆に最初に立った村から頭取が探索され、死罪をたまわるのがこの時代の慣例である。それゆえ、山奥は何度も立とうとしては立てない。川筋と三間は引っぱりこまれましたと言い訳すればすむ。

しかし、もはやここまで来れば、立たなくても、七年前のように三間騒動のように捕縛者が出るのは必定である。その時はどこから出たともわからぬ一揆の廻状がまわり、三間では、一揆が下筋から来たら一緒に行こうと酒を飲みながら語り合っただけで二名が獄死した。村々に食い込んでいる鈴木作之進の情報網にかかったのである。彼は村々に内通者を育てている。

「各嗇ちよむがり」には、「おふかた百姓がしづまるよふなぞ、これからおいおい頭取なんどを吟味と出かけて、ぶつぶつ言うのを聞き出し、こりゃまた大きなことだぞ」とある。願書裁決の申し渡しをした後、鎮まったところで頭取を探索するという役人のひそひそ話を聞いて百姓はおおごとだとあわてたという意味である。願いを聞くと見せかけて、頭取を釣り出す策であったかと思ったことであろう。もう山奥百姓は行かねばならないのである。

隣藩大洲・土佐では大一揆を起こし、願いを勝ち取り藩政改革を引き出し、さらに百姓は罪に問われないという成果を残している。宇和島藩は不満が起こると制度の改革を行ってくれる。取り残された吉田藩百姓は、自分たちもまた全面勝利を勝ちとらなければならない定めにあるのである。昨年の十二月十九日以来の探索にも、誰も指導部をもらさない。人々の気持ちは一つとなっている。

二月七日　三間の不穏な動きを察知し、鈴木作之進、偽の廻状をまわす

三日の文書を吉田藩は知らないが、三間が動いている気配を感じたので鈴木作之進は手を打った。国遠村が怪しいとにらみ、この村を押さえておくべきだと考えて、村から五人の百姓を呼び出し味方につけた。そして、その者たちに命じて、山奥から発したと見せかけた廻文を、陽の路、陰の路の二手に分けてまわさせた。内容は、「宇和島出訴は止めた」というものである。鈴木作之進は、この廻文がうまくまわったか確認しようとしたが、最終的にはうまく機能しなかった。この時、五人の他に、幾之助という百姓を味方に加えたが、彼は信用がおけないという評判であった（二の一号文書）。やはり、後日、一揆の扇動をしたことが判明し、両方に通じてうまく立ち回ったことがわかった。

二月九日　山奥・川筋は戸岐御前山に集合し立つことを決意する

江口円左衛門は、村々に変わった様子はないとして吉田に引き上げた。村々は、彼の動きをずっと見ていた。

夜遅く、川上村庄屋清左衛門より至急の手紙が届いた。

「岩下様へお知らせしましたが、病い重く動けませんので、鈴木作之進様へ至急お知らせします。九日夕方、戸岐御前山（とぎごぜん）より人数にして、六、七十人が父野川へ向かいました。鹿狩りをしたようにも思いますが不審です。すぐ探索に出しましたのでわかり次第お知らせします。」

二月十日　一揆立つ

この日は、「庫外禁止録」、「屏風下張文書」共に記述があり両者を併せて動きを見る。

小松村小頭が吉田へ来た。

「昨日の暮れ、延川とどろ境の勝三郎の家の前を、一統出るほどに用意せよと叫んで去った者があります。申し継ぎを行うなと命じて、夜中警戒しましたが異状ありません。」

と申し述べた。

昼九半時、在方から、大早（おおはや）の注進が紙方役所へ駆け込んできた。その少し前、その注進に川筋代官平井が出くわし、郡奉行所へは平井から通報があった。平井はそのまま真っ先に駆けていった。

戸岐御前山（右側の一番高い峰）

鈴木作之進は、残りは後から追いかけてこいと指示して足軽清吉を連れて駆けだした。彼は、宇和島出訴はなんとしてでも止めねばと考えた。

三間へ入ると、清吉は陰地を走らせ、瀬波・内深田庄屋に出目村へ来るよう伝えさせた。自身は、陽地を走って出目村へ向かった。

郡奉行横田茂右衛門以下八人の役人と四人の足軽が次々吉田を発った。馬も籠も間に合わず彼らも走った。このあたりは二の二号文書にくわしい。

鈴木作之進は、夜五ツ過ぎに出目村へ到着し、さらに興野々河原に出た。そこで、平井多右衛門に出会った。彼は、その先ですでに一揆勢と接触していた。平井と一揆の遭遇は、「吉田御領乱立聞合書事」にも「吉田御分百姓中騒動聞書」にもある。但し、前者は、十一日、父の川での出来事と誤っている。彼は、岩谷村で一揆の先頭と出会った。先頭に立つ百姓は、武左衛門であり、(二の七号文書)穏健で、説得したら素直で願書を出すと答えた。ところが後ろから来た百姓たちが横柄である。

以下は、「吉田御領乱立聞合書事」による。

願いはなんなりと聞いて取らすと言ったところ、われらにお上は無しと相手にしない。それで二、三人召し捕ったところ、八十人ばかり集まり、縛った縄を切った。役人はあわてて父の川庄屋(岩谷村庄屋宅の間違いである)に逃げ込んだので、押し掛けた。出てこなければ火をかけるとして、松明を用意していたところ、裏山から逃れた。

「吉田御分百姓中騒動聞書」では以下の通りである、

悪口雑言を言う数人をとらえたところ、代官をくくって宇和島への道案内にせよとわめきだし、打てのたたけのと興奮しだしたので、岩谷村庄屋が自宅へかくまった。代官を出せ出さねば家をこわすと大綱を準備した。代官は裏の垣根を破って裏山にあやうく逃れた。ここで手間取っては集合場所に遅れるので、返礼は帰りがけにするからなと言って立ち去った。

三間勢も元宗村で酒屋に寄った際、「宮野下までは無酒の取り決めであったはず、急げ」と指導者が言っている（「伊達秘録」）。したがって、宮野下集合を申し合わせていたのである。

さて一揆勢は姿が見えなくなっていた。興野々(おきのの)河原の鈴木の元へ、山奥・川筋の庄屋たちが続々と集まってきた。興野々村役人に様子を見に行かせたところ、延野々にもおらずと報告した。奈良道を通って宇和島へ出訴することも考えられるので、山奥川筋の庄屋たちはその方面で待機さすことにした。一揆勢が来たらこちらにいる吉田の奉行様の元に立ち寄るよう説得せよと命じた。出目村役人には、一揆勢を捜せと命じた。

大綱（上大野熊野神社に隠されて伝えられていた）

出目村庄屋宅に引き上げたところ、郡奉行横田茂右衛門が到着した。おそらく「下筋を誘いに出たな」と話し合っていたところ、「奥の川方面で騒ぐ声がします」と出目村役人が帰ってきて報告した。「それならば吉野へ出るかもしれない、吉野へも人をつかわすことにしよう」と横田は提案し、鈴木作之進以下を吉野村へ移動さすことにした。村役人に、蕨生、奥の川の様子を探りに行かしたが、静かですと報告があった。この時、夜が明けた。

早朝、出目より使者が駈けて来た。一揆勢はここを通過しましたというものである。一揆勢は来た道を引き返し、興野々から出目に出てきたのである。鈴木作之進一行は空振りに終わった。あわてて近永村へ引き返した。

この晩、一揆勢の一部を発見しているが、夜中ゆえそのままにしておけと指図したことが「屏風下張文書」に見える。

さて、出目には横田茂右衛門がいたが、彼は災難に合う。

出目（近永は目前である）

二月十一日　横田奉行受難。友岡代官、山奥勢を止める。宮野下大騒動

この受難は、不面目なので、「庫外禁止録」には書かれていない。そこで、「吉田御分百姓中騒動聞書」で見ていく。

横田は挟箱に腰掛け、一揆勢が通りかかるのを待ち受けた。「ここに吉田奉行横田有り、願いの筋あらば申し出よ」と呼びかけるが、笠もぬがず無言で通り抜けていく。さすがに奉行の前を通るときは少しよどんだ。ところが後ろの方から、「偉そうにすわっているのは誰ぞ、つきこかしてとおれ、たたき殺せ」と叫びだした。

横田は急いで籠に乗り、「早く出せ、走れ走れ」と逃げ出した。すると、「吉田のうそつき奉行の駕をかくのはどこの百姓ぞ、そこへ投げだし駕籠をふみくだいてたたきのめしてやれ」とわめいた。ようやく宮野下村（これは誤り、近永村周辺の村である）のはずれまで逃げたところをまたまた取り囲まれた。「吉田のタヌキ奉行の駕籠をかくのは誰ぞ、こっちへ来い」と脅したところ、みなこっちへ逃げてきた。横田は裸足で飛ぶが如く庄屋宅へ逃げ込んだ。「宇和島の御奉行様なら大切にして宮野下までお供するのに」と百姓たちは言い合った。気の毒千万である。

隣藩の出来事ゆえ書き残せたことであろう。ついで狂歌も聞き書きした。

横田から畦道つとう逃げ上手　切るべき腹も逃げてすますか

奉行の駕籠のかき夫たちが逃げ出したことは、「吉田御領乱立聞合書事」にも記述がある。「伊達秘録」「伊予簾」は藩側の記録であるので、ひどい目にあったのは寺の和尚たちであるとしている。泥田で日向瓜のどぶ漬け状態になったり、坊主頭に松明の火の粉がかかったり、毛のない狸と囃されたと書いてある。

横田茂右衛門は、まず清延村まで引き、その後、一揆勢の先頭を追いかけるようにして宮野下まで退いた（「庫外禁止録」）。

さて、一揆勢の一部は、予測しない出来事に出会い、分裂を余儀なくされてしまった。宇和島藩代官友岡栄治が行く手を遮ったのである。

事前の申し合わせは、宮野下で吉田八十三村がうちそろおうということだけである。その後、吉田へ出て法花津屋をうち倒すことは止め、宇和島へ出訴することで一統が決するであろうというのが大方の百姓の腹づもりであった。八幡河原へ出ることも合意されていないことが一揆後の取り調べで明らかになっている。

八幡河原は集合場所としてはまずい。もし、宇和島藩に拒否されたら、大洲領へ逃散、あるいは寛保の先例を頼って松山藩（久万の大宝寺）まで逃散しなければならないが、八幡河原では、引き返さねばならぬからである。寛延の内の子騒動でも、新谷藩の調停が手間取り、宇和島藩へ一揆勢が移動しそうになっている。

さて、先頭にいて、友岡と対したのも武左衛門である。困惑もあるが、喜びも大きかったはずである。一方、友岡と出会わなかった村々は、三間へ入り、次々村を誘い始めた。また、近永周辺の村々は、一揆来るの報で打ち合わせどおり、直ちに宮野下へ向かって走り出している。

ここからは、「伊達秘録」「伊予簾」も記述が詳しくなる。

友岡代官が、願いを聞くとというと、百姓たちはこう申し述べた。

「全ての村がそろわねば一統の願いは出せないのですが、まず、山奥・川筋の願いを先に出させていただきます。三間、浦方は宮野下へ集合します。」と述べて全ての村々の願いを聞いてほしいことを訴えた。

この時、吉田藩は、紙の仕法について山奥に一揆が起こり、三間・川筋が引き込まれてことが大きくなることを警戒していた。村々に通じている鈴木作之進でも、最悪の場合、宮野下まで巻き込まれると予想していた。

百姓たちは、全村がたち、藩政改革を勝ちろうという意識を形成していたことがわかる。伝承では、武左衛門がチョンガリに身をやつし、全領を三年かけてまわって指導部を結成したという。武左衛門がそれを行ったかについては後述する。

さて、百姓側は、酒屋の前の家に控え、宇和島藩側は酒屋に入った。「伊達秘録」によると、宇和島藩側は、吟味役鹿村覚右衛門、代官友岡栄治、他役人二名、当地の庄屋二名の計六名。百姓側は六人でもっぱら武左衛門が応答したという。この中に川筋が入っていたかどうかはわからない。この応対が「ひときわ分別あり」と役人たちを感嘆させたことにより、八幡河原での混乱が収拾されることになった。武左衛門が一揆の先頭にいて受け答えしたことは、二の七号文書でも明らかであり、近永村での願書提出に武左衛門がいたことは断じて良いであろう。

山奥からは願書が出たのだが、川筋から願書が出たかどうかははっきりしない。山奥の願書が二の八号文書である。願書は直ちに宇和島藩へ届けられた。また、写しが三間へ走った様子である。

川筋九か村の内、七か村しか止めれなかった。そのため、川筋の願書をどうまとめるかで苦慮したという（「伊達秘録」）。川筋の願書がないため、二月十一日夜、三間宮野下で吉田藩役人はこれをどうするかで悩むことになる。二月十二日、吉田藩役人が近永に行き、写させてもらった。

その際、こんなやりとりがあった。

吉田藩側は、頼んでもないのに勝手に願書の聞き取りをおこなってと内心は非常に不愉快なのだが、「願書をお引き渡し下さい、あとはこちらで解決いたします」と礼を尽くして文書を送った。すると、「宇和島へ願書の内容は報告しました。吉田の奉行様はこちらへおいで下さい。相談しましょう」と解決へ介入することを宣言されてしまった。そこで仕方なく筆写させてもらったのである（二の七号文書）。この筆写は山奥分である。

一揆勢は、近永村周辺の吉田藩の村々に分宿することになった。吉田藩役人はその手配に奔走する。この時、武左衛門らは、山奥筋の者たちの食料を近永村庄屋より借用した。その借用書が「屏風下張文書」にある。

黒米三斗五升　父の川三十五人分
黒米三斗二升　上大ノ村三十二人分
黒米二斗五升　延川村二十五人分

これによると上大野村は三十二名が出てきたことがわかる。一揆全体の人数は、八幡河原で、氏名を木札に書いて提出したので正確にわかる。

さて、武左衛門は鉄五郎とともに山奥の世話役である。これは、一揆の頭取ではない。各村は一揆の指導部によって脅されて村を出てきたのであって、出てきた以上村のまとめ役が必要である。それが世話役である。したがって、一揆後、世話役であることをもって処罰をうけてはいない。「吉田御分百姓中騒動聞書」では、この晩千人が近永村周辺に泊まったという。

同晩、平井多右衛門は、一揆の拡大をおそれて、出目村、興野々村へ引き返して泊まれと百姓に命じたが、百姓は、三間の内の国遠、清延村を希望した。この地域は一揆の指導部の一団がおり、大きな役割を果たしていたことが後日わかる。しかし、この村の百姓は宮野下へすでに出ている。

一方、近永村で願書が出されたことを知らない一揆勢の一部は、事前の申し合わせの通り、村々をかり、宮野下へ向けて突進した。その晩、一揆勢が集合した宮野下は、五千人（「吉田御分百姓中騒動聞書」）が集まり、大混乱となり、対応した吉田役人たちはこの晩も不眠不休で解決に当たる。こちらの動きを見ていこう。

三間を進む一揆勢に騎馬武者が立ち向かったと、「伊予簾」にある。

あまたの人数を引き連れ、騎馬武者一人来たり、この有様を見て、すわや土民どもいかほどのこ

> とがあらん。いっさんにかけこんで押しとどめんと、手綱に帯を引きはさみ、鞍の前輪をしっかと取り、前さかりになしたる陣笠の上に馬手のかいなを振り上げさし招き、真一文字にかけ立てるこの一騎に対して、総勢さかまく波のごとく、どっと鯨波（とき）を作った。すると馬は猛勢に驚き、主人を田んぼに振り落として走り去った。その姿を見て一度にどっと笑った。

このように、話を面白くする創作が入るので史料価値が低いと「伊予簾」はみられるわけであるが、これは事実に基づいていることが、「屏風下張文書」からわかった。

翌十二日午前、紙方作配頭取で目付役の井上治兵衛が、宇和島へ向かう一揆を押しとどめようとするが、乗った馬が暴れて彼は馬を下りて逃れることになるのである。

次は、「伊達秘録」である。三百人が元宗村を通りかかったとき、若き庄屋丈右衛門が「御百姓衆、しばらくお控え下され、申しのべたいことがあります」と制止した。

「青二才のずんばいで何をえらそうな。宮野下までは酒を呑まずに行こうと思うていたが胸くそ悪い、呑んじゃれ」と、この村の酒屋に押し掛け、「庄屋のおかげでこんな目にあうのじゃ」とたちまち二石四、五斗をのみほした。「酒屋も百姓じゃ、いっぱいでこらえてやれ」と頭取らしき者が言うので、再び動き始めた。

これも事実の裏付けがある。鈴木作之進は元宗村庄屋に命じて、一揆勢の中に入って、こちらに味方して働く百姓を自村から選ばせておいた。元宗村でその者たちが制止したのであろう。結果的には実を結ばなかった（二の十号文書）。

一揆勢は、宮野下へつくと、法花津屋の出店に押し掛け、存分に酒を呑み干すと「伊達秘録」にある。この時、同じく酒屋の桑名屋は、「兼ねて用意やしたりけん。おびただしく飯をたかし、ふるまわんと手代をいだしおき」とある。そして、まず先頭の百姓に昼飯をふるまいたいと申し出た。一揆勢もいんぎんなるあいさつに困り、「この家に置いては　うらみなし、一飯給われば二分ずつ払って通れ」と指示したという。

この事件について「吉田御領乱立聞合書事」が裏付けているので、以下に述べる。

百姓たちはワラジをはきながら、炊き込みご飯を炊かせた。さらに椀を六十人前を出させ、酒六石入りを二つ一瞬に飲み干した。そして、二階に保管してあった煙草五十斤入りを五十丸、二階から投げ落として粉々にした。

桑名屋は、「庫外禁止録」によれば、他所紙買いの鑑札を持つという。つまり、吉田領の紙は扱えないが、土佐など近隣諸藩から紙を買い入れて商売するのである。

この度の紙方仕法変えで、国境が閉ざされたため大きな痛手を

桑名屋付近（宇和島市三間町宮野下）

こうむっている。紙漉き百姓と利益を同じくする立場である。

さて鈴木作之進は、清延村に横田奉行がいるというので行ったがおらず、内深田村にいるというので行ったがここにもおらず、宮野下村まで引き返してようやく会えた。昼九ツ時分であった。この時、続々と百姓が集まっていた。

役人が入れ替わり立ち替わり、「なにとぞ、吉田へ出て願いを出せ。山奥の願いはすべて聞きとってやったぞ」と声をかけるが無言である。離れると、「またよ　またよ　大狸にばかされるな」と鼻歌を歌い、みんなでどっと笑った。「先年の大洲騒動に百姓に大負けなし」とも言った(「吉田御分百姓中騒動聞書」)。

百姓たちは、大洲藩の内の子騒動を手本にこの一揆を行っていることが分かる。

役人を取り合わないので、六名の和尚を呼び寄せ、百姓たちから願いを聞き取ってくれるよう頼んだ。多人数が口々に話すものだから、一つ願いを聞き取れば、横から口をさしはさみ、また初めからやりなおしという困難を重ねた(二の七号文書)。

また、百姓たちにはここで願いを聞き取るのでとどまるように声をかけ、戸雁村・宮野下村に宿を手配した。

和尚たちは、「頭取の追求をしないこと、紙方役所を廃止することの二点を約束しない限り解決はできません」と申し述べた。「願いについては、今春聞き取りを一度行っているので承知しており、認めてやれる、しかし、紙方役所廃止については私の一存ではとても」と横田奉行は答えた。横田は「紙方仕法廃止なくして解決無し」と二関古吉を吉田へ走らせた。

この時、吉田藩でも激論が交わされていた。席上、郡奉行小島源太夫は、ついに怒りを上役たちに爆発させた。「私に行けとおっしゃるが、行ってどうせよとおっしゃるのです。御物成以外（年貢を減免すること以外）は全て解決を任せていただけなければ、行っても意味がありません。私は控えております」と席を立った。表御門まで出てきたところへ、「安藤儀太夫様が戻れとの仰せです」と御坊主が袖にすがった。

「紙方仕法止めても苦しからず。あなたにすべてを任す。すぐに行ってくれ」と安藤は言った。小島が退席したあと、安藤は、上席の家老たちを必死に説得したのであろう。

伝承では、安藤家老は、民力涵養を強く訴えたとある。ここで確認しておきたいことがある。

紙方仕法が、郡奉行所にいっさい相談なく実施された後、仕法の問題点を奉行所は、安藤儀太夫に申し上げた。彼は、その問題点を十分認めた上で、「しかし、出した法をおかしいからと言って、そのますぐ引っ込めたのではお上（藩主）の権威というものがありません。しかし、このままでは」と悩んだ。彼は、善意の人で、末席家老としてできることを行っているが、改革を断行できる立場ではない。

しかし、最後の最後で、要求全面受け入れを家中一同に認めさすという仕事を行っており、後世、賞賛される資格は備えているであろう。

小島は、その足で、目付久保半左衛門と宮野下へ走った。こちらへ向かう二関とはすれちがった。この二人の行動は、「吝嗇ちよむがり」に「源太に半佐が出かけてみたれば、悪口たらたら泥坊（棒）ごなしにあわんが仕合」とある。「吝嗇ちよむがり」は、滑稽に語ってあるが、一つ一つが事実と対応している。

久保半左衛門は、目付なので郡奉行より上席にあたると思われる。さて、横田を含めて三人で相談を始めた。紙方仕法廃止を三人で決めたところ、さらに難題がもちあがり、決しがたかったがなんとか結論が出せた。おそらく川筋が分裂してしまい、川筋一統に対する裁決をどうするかということであろう。これでたいていのことは決したが、この上の難題は、頭取吟味をどうするかである。この状況は二の十号文書が物語るのであるが、後半が欠けている。おそらく、頭取吟味は結論が出せず、とにかく願い聞き届けの申し渡しをせねばと一致したようである。裁許状ができあがり、和尚たちに渡し、さらに藩へ報告書を出した。

この晩、三間に集まった百姓たちは松明をともして、次々吉田近辺浦方の村々を誘いに出発した。その火が動くのが山々に行列となって見えた。山奥勢は、こちらには来ていない。にもかかわらず、このように動くのはこちらにも一揆を動かすグループの存在が想像される。そのような中、三間東部は八幡河原へ出てしまう。統制のとれにない混乱状態になった。

「三間にいる百姓だけに申し渡してもいけないではないか。近永村にいる百姓を呼ぼう」「いや、明け六ツ、とにかく宮野下に対してだけでも行なおう」と激論しているところへ、「光間(みつま)へ向かっています」と駆け込んできた。三間東部が勝手に動いてしまったのである。

「呼び戻せ、呼び戻せ。申し渡しができんが」と真っ青になったが手遅れであった。

それからしばらくして、雨が本降りとなった。そして八幡河原に到着した百姓たちは雨にひら打たれにたたずむことになった（「伊予簾」）。そして、この雨は最後まで止むことがなかった（吉田藩白浦庄屋記録）。

急報が吉田へ、宇和島藩へは屈強の若者を走らせた。「伊予簾」によると、まず、郡奉行徳弘弘人、鈴木忠右衛門、続いて大老桜田監物の門をたたいたという。宇和島藩は直ちに諸役人を招集し、彼の若者から事情を聞いた。そこへ吉田藩大目付井上治兵衛が大汗をかいてかけつけてきたという。そうこうしているうちに夜が明けた。

二月十二日　三間の百姓、八幡河原へ。山奥・川筋はためらう

この日の朝の時点で一揆は、三つに分裂してしまっていた。もっとも大きい勢力はこの宮野下となった。八幡河原に出た者たちから、来いと誘いが来る。とどまるか、近永村で山奥・川筋と合体するか、それとも八幡河原に出るか、決断を迫られることになった。肝心な山奥勢が近永にとどまっているので迷うばかりである。このことが、「八幡河原に武左衛門がおらず、いちいち指示を聞きに走った」という口碑になったと思われる。

そもそも、八幡河原に出るとまでは決していなかったのである。宇和島藩が仲介してくれるならそれでよいが、もしだめなら大洲か土佐へ出なければならない。八幡河原まで出てしまえば、引き返すのに大変である。全ては、宮野下に全村が集結して話し合われる手はずであった。

もし、宮野下に一揆の副指導部があったとすれば、ここでの決断をしたことになる。

三間勢は、和尚たちに宇和島へ出ることを断った上でたった。その際、大綱などは置いた。ここで吉田へ向かうと見せかけて、役人や和尚にいっぱいくわせたとあるが、事実は違う。

「吉田役人は嘘つきじゃ。提灯（紙方役所の取り締まり役人）をみよ、あのとおりじゃ。宇和島へ行って根を抜け。狸坊主にばかされな。」と、鯨波の声を上げて宇和島へ向かい始めた。窓峠から光間を続々と向かい始めた。そこへ、宇和島から井上治兵衛が駆けつけてきて馬上で制止するのである。「吉田の狸武士、馬に乗って何をえらそうな。こかしてたたいてやれ」とわめくと彼は馬を下りて逃れた（「吉田御分百姓中騒動聞書」）。

八幡神社（宇和島市伊吹町）

小島源太夫は、宇和島藩へ行き、奉行徳弘弘人に面会する。「井上治兵衛様も来られていますから」と御殿へ案内された。宇和島藩奉行鈴木忠右衛門と徳弘弘人の四人で相談を始めた。「願書が出ましたら裁決は吉田藩にお任せ願えないか、その際、百姓たちを安心させるためにお立ち会いできませんか。」と頼んだ（二の十一号文書）。その後、御家老衆、若年寄衆が話を聞きたいと言って来たので、小島が御用席へ出た（二の十三号文書）。

桜田家老は「子細をうかがいたいから私宅の方へ来られたい」と言って寄越したので、吉田藩の二人は訪問して、これまでの経緯を報告した。

さて、上灘（三瓶方面）の浦々が、吉田を経て三間へ入ってきた。すでに発ったことを知ると、八幡河原へ追いかけてきた。また、一揆勢は、下内（下三ケ浦）も呼びにやった　高野子村（一説には周辺を含めて三村）は一揆に出なかったと伝承される。たしかに最初は出ていなかったが、呼びに来たので参加することになった。これらの村は、鈴木作之進により願いがかなえられていたので出る必要がなかったのである。

一方、近永村には朝から、数度も八幡河原から誘いが来る。山奥・川筋はこれを断った。これは一揆の全体像を語るのに非常な重要な点である。

夜、とうとう八幡河原から数百人が迎えに来た。近永の一揆勢は、「お騒がせして申し訳ありません。願書を出しましたので宇和島へまいる必要はありませんから、誘いをことわっておりましたが、とうとう大勢で迎えに来てしまいました。この上は行かざるをえまいと存じますが、とどまれと御申しつけならば残ります。いかがいたしましょう」と友岡代官に相談した。友岡代官は、思うようにせよと許した（二の十九号文書）。

ここでなぜ山奥・川筋がためらったか考察してみる。山奥・川筋が真っ先にたった以上、一揆の罪を被ることになる。その後の処罰

八幡河原（ここに約八千人が集合した）

もそのとおりとなった。三間は、脅されてしかなたくと言い訳が立つ立場なのである。山奥・川筋は、紙生産は元通りと紙の古借金免除を許してもらえばいいので、これ以上の事態の拡大を恐れた。すでに願書も出した。後は、大きな罪をこうむらず帰村したい。ここは神妙に控えておくのが賢明であった。実は、三間宮野下の副頭領は存在しない。向こうに信頼に足る者たちはいないのだから、行きたくはなかった。その反面、年々非道になる政治に対して、領内一統の百姓で訴えるべきだという使命感もある。山奥・川筋勢は八幡河原に出た。しかし、そこで八千人弱の一揆勢の主導権を握ろうとしたわけではない。雨に打たれて黙々と座るだけである。

平井代官は、友岡代官から、経緯を聞き、さらに、川筋の願書を写させたもらった。友岡から八幡河原行きを許可したことを聞き、われらに冷たいしうちをと吉田役人はくやしがるのであった。

友岡代官は、「わたしはこれから宇和島へまいります。横田様も宇和島へ行かれて、そちらで話し合いをしましょう。お伝え下さい」と言った。

横田は清延村で平井の報告を聞き、宇和島へ出発することにし、大雨の夜の中を難儀しながら歩いた。横田は奈良道を通ったと「庫外禁止録」は記すが、「屏風下張文書」では高光経由である。これは、鈴木作之進の記憶間違いである。翌十三日、昼過ぎ高串の寺に着き、支度を整えさせてもらって、夕方、宇和島の町会所に着き、小島源太夫と合流した。

一方、鈴木作之進は宮野下にいたが、命によりいったん吉田へ帰り、身支度を整え、奉行所から必要な帳面を取って来て、夜九ツ、吉田を発ち、大浦を通って宇和島へ向かった。この夜、大雨となり難儀をした。十三日、朝、宇和島へ着いた。彼もまた二月九日以来不眠不休である。

さて、百姓がいなくなった宮野下では、吉田へ帰るための荷物運びを村々に命じたが、集まってきたのは、女ばかりである。腹を立てると、「亭主や長男らはみな行っております」と答えた。役人もそれ以上言えなかったという（「吉田御分百姓中騒動聞書」）。

三　八幡河原に頼れる者なし

二月十三日　百姓まとまれず

河原の百姓の食料を用意せねばと、米の在庫を調べた。しかし、農村から運ぶには人数がいないのである（二の十七号文書）。

宇和島の商人たちが、炊き出しをしてくれた。吉田の商人たちも申し出てくれた（「庫外禁止録」）。

さて、百姓たちは吉田藩を相手にしないので、宇和島藩へ任す以外にない。

吟味役鹿村覚右衛門以下、代官、奉行、庄屋役人が大勢河原に行き、願書の聞き取りを始めている。ところが聞き取りがうまくいかない。「各村がそろわない内は願書は出せません」と申して口を閉ざすのである（二の二十号文書）。

一方、藤六、幾之助たち三間東部の者たちが「年貢は宇和島様へ出したい」と無理難題を言うのである。だが、この両名は頭取気分でいるだけでだれも従わない。

鈴木作之進はそれを聞いて、「これは三間だけが言っているのに、宇和島藩はさも一統の願いであるかのように取り上げている。これがとおれば今後大変になる」と憤った。

吉田藩は、宇和島藩に対して、分藩以来の不信感がある。

この聞き取りについて、「伊予簾」が詳しいので述べてみる。

中間村庄屋宅に、一村より二、三人ずつ呼び寄せ、白州にすわらせ、次の如く一喝した「その方たち願いがあると言って、当河原に大勢まかりこしたが、未だ願書も出さないので子細がわからない。もとより徒党強訴は公儀により禁じられたことだから、このように群集しては、立つべき願いも立ち難い。よって一村につき二、三人ずつ残して早々に帰れ。」

この言葉は藩が使う常套句である。一揆は人数がそろってこそ力を持つ。言葉にしたがって帰れば一揆は瓦解する。百姓らは次のようにうまく切り抜けた。「お話はよくわかりました。しかし、私たちだけ承知いたしましても、全体が承知したわけではありません。私たちは頭取ではありませんから、一同に申し聞かすこともできません。ただ、このことを河原の者へ伝えはいたします。この度、お願いしたきことは、御年貢を宇和島様へお納めしたいということでございます。一統がそろえばおいおい願書も出るのではないかと存じますのでよろしくお願いします。」

と具体的なことを言わずに去った。ここで、細かく願いを言えば頭取とされるのである。また、だれが頭取なのか本当に知らないのである。

　さて、「雨は激しく河原は水かさをます。竹の笠をかぶり、体に古い簀を巻き付けて直接地面にすわって、目も当てられぬ有様である」と「伊予簾」は書く。

　片ふきの小屋をかけ、めいめい持参の簑菰を屋根代わりにし、白木綿の一幅長さ三、四尺に村名を書き、その上に庄屋の定紋や思い思いの目印をつけてじっとすわっていたともある。総勢は、七千五百余となった。


　庄屋連中が密かに鈴木作之進に申し出てきた。

「三間、浦方は、われら庄屋にお任せいただければ連れて帰れます。但し、沢松あたりの三、四村は難しいです。その他は簡単です。」「浦方、立間、喜佐方は今すぐ立てます」と庄屋たちは言う。

「宇和島藩の手前、そうもできぬが。時を見て実行できるかもしれん」と彼は答えて、上役たちに報告した。

この時、鈴木作之進は、一案を提案した。

「もし願書の聞き取りがうまくいかなければ、双方の役人が立ち会い、それぞれの村の庄屋たちに、百姓の思いを聞き取らせましょう。庄屋ならば安心して口を開くでしょう。そうして村々の考えがバラバラであることがわかれば、一統の願いなどないことが明らかになり、われわれに有利になります。」

　吉田藩筆頭家老飯淵庄左衛門は病いと称して出てこないため、家老尾田隼人が宇和島藩との交渉のために出てきた（二の二十号文書）。伏見屋七左衛門宅を宿とした。

家老尾田は、宇和島藩との交渉の前に、群奉行以下から状況報告を受けた。「伊予簾」では、この時直接、八幡河原へ出向いたと書いてあるが、「屏風下張文書」にその記述がないので事実としては疑わしい。尾田家老が、河原へ出るのは、「吝嗇ちよむがり」では、安藤切腹の翌日である。

尾田家老が行ったことは事実ではないかもしれないが「伊予簾」でその様子を見よう。

尾田隼人は、一揆群衆の少し下手におり、若党たちにふれまわさせた。

「尾田家老様がおいでだ。願いがあればあのところで直に申せ。お聞き届けいただくぞ。さあ早く早く」と声をかけた。

「吉田役人に申し上げることはございません。宇和島様に申し上げたいからここへ来ておるのでございます」と相手にしない。

仕方なく、無理矢理数人を引っ張ってきた。

「ここに長くおれば、宇和島藩にも迷惑がかかる。早く帰ってくれぬか」

「そう申されても、願いの筋がなんであるか私らは知りません。家老様のお言葉をどうやって数千人に伝えればいいのでしょう。私らは無理矢理連れ出されたものにございます。わたしらの力の及ぶことではございません」

ここに集まりはしたが、指導者がいない。

この者たちは三間の者たちであった。そこで、尾田は、

「お前たちの力で、三間郷で帰る村を募れ。だいたい十か村まとまったら申し出よ。褒美をとらせる」

と言った。

やがて、その者たちが、まとまったと申し出た。それを聞いて、尾田は、桜田家老に会いに行く。一揆後、藩より褒美を給わった三間の百姓がおり、そのときの者だろうかとしている。

実際は、尾田家老は河原には行かず、先の鈴木作之進の報告を聞いて、桜田家老と対面したのであろう。尾田家老は、

「ほとんどの百姓たちは、火をかけると脅されて仕方なくここへ来ているのです。わたしの方には、恐ろしくて帰りたいと申し出ている村々がすでに十村をこえております。この度の一揆は一統のものでなく、山奥のしわざなのです。どうか、帰れとお申し付けいただければ、次々帰ります。あとの解決はわれらがいたしますので」と懇願したはずである。大部分の百姓がこのような気持ちでいたことは、垣生浦の幸八の吟味書（五の十号文書）からわかる。どうなるかという不安の中で悄然と座り込んでいたはずである。

この中には、上大野村鉄五郎のように、「おれにまかせ、願い事あれば言うてこい」と頭取気取りで声高に申す者が幾人かいた。「頭取、頭取」と持ち上げるが、人々は芯からは信用しない。幾之助のように両方に通じている者もいるのである。

「伊予簾」によると、桜田家老はきっぱりと「左様のあざときことにては静謐はいたすまじ、一人も帰すことまかりならず」と尾田家老に言い切った。

「伊予簾」は、宇和島藩の対応を賞賛する立場をとるので割り引いて考えなければならないが、このやりとりが実際にあったかのように「屏風下張文書」文書群からは伝わってくる。

藩存亡の危機であり、とにかく一刻も早く百姓を自領に帰らせたい、そのためにはなんとで言いつくろい、とりつくろおうとする吉田藩の態度が見える。宇和島藩は、全村全てが訴えた以上、百姓と藩との積年の行き違いを思い切って解決せねば、今後もおさまらないと考えている。

吉田藩主は若年で跡を継いだばかり国元にまだ帰ってもいない。本家宇和島藩主は、世に聞こえた名君村候であり、吉田藩の後見の立場にあったともいう。但し、この時村候は江戸におり、世子村寿がいた。

吉田藩と宇和島藩の間の難問は、年貢を宇和島藩に納入したいという百姓の訴えをどう裁くかであった。従来の研究者には、「宇和島の百姓になりたい、すなわち、吉田藩をなくしてほしい」というふうに百姓が要求したととらえている人がいる。これをさらに発展させて、一揆自体を宇和島藩が後ろで糸を引いていると説も出てきた。

しかし、「屏風下張文書」からそうでないことがわかった。吉田藩の年貢の不正(桝の大きさが不正の上、くり棒を使う等多岐多様にわたる)と収納の際の役人の横暴に対して、積年の憎しみがあるのである。これは、年貢収納に限らず、紙方新仕法もそうである。藩政全体が弛緩しており、藩に自浄力なしという強い不信感が生まれていた。

さて、宇和島藩に納入されたのでは、吉田藩がなりたたない。さすがに宇和島藩もそこまでは望まない。どう百姓が納得する形で納めるかである。

四　安藤家老の切腹と百姓の丸勝ち

二月十四日　安藤儀太夫切腹

安藤儀太夫の切腹という大事件が発生する。この事件は後世脚色が甚だしく、この騒動の山場なので美辞麗句を連ね、記述も力が入っている。今まで紹介されたことがなかった真実を紹介する。

「屏風下張文書」から明らかにしてみたい。

十四日朝、まだ、下三ケ浦と喜木津の四村がそろわない。全村がそろわないと願書を出さないと言っているので、両藩役人はいらだつばかりである。

中老郷六が来た。彼は、奉行所の面々を相手にせず、河原へ行き、日頃から村々に入れている内通者を呼んで、何事か密談をした。首尾を得なかったと思われる。

彼は、吉田藩を救った英雄の一人であり、一揆頭取の逮捕の檄をとばした人物であるとされている。

安藤家老が一人で、吉田藩の詰め所へ来た。横田、小島両奉行へ河原に行きたいと相談を持ちかけた。二人はいさめたが、二度も三度も頼む。その内、両奉行はそれぞれ用事のため出かけた。安藤はその間に、河原へ出かけた。

河原での行動は、「伊予簾」「伊達秘録」とも詳しくあるが、安藤賛美の立場で書かれてあるので、まず、当時の伝聞そのものである「吉田御領乱立聞合書事」でおってみる。


八幡河原の前の土手に、挟み箱置き腰掛け、「村々の内、主だった者、一人ずつ出てまいれ」とふれさせた。

それに応じて「御百姓衆、出てきなさい。御家老様が直接聞いてくださる」とふれてまわったのは二人の庄屋倅であった（吉田町立図書館所蔵史料）。この倅二人が、最初から一揆勢に加わっていたか、取り鎮めにきた父の庄屋たちに従って河原に来ているのかはわからない。百姓たちが口を開かないので、庄屋たちがけんめいに取りなそうとしている雰囲気がうかがえる。

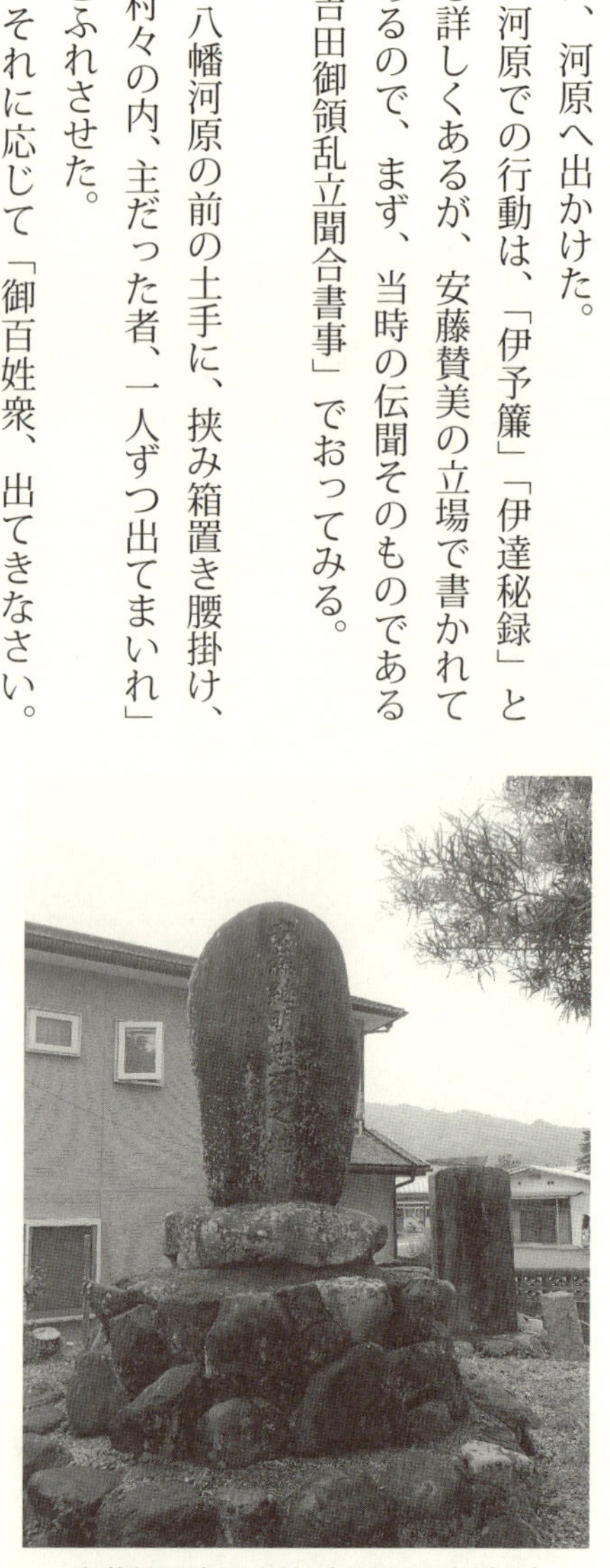
安藤継明忠死の地（昭和 10 年建立）
吉田町の人々が建立。日吉村の武左衛門の顕彰への対抗意識がうかがわれる。

それに応じて出てきたのは、上大野村の勇之進ただ一人である。

「わたしはここに切腹する覚悟できた。ついては、ここを退いて宮野下まで帰ってくれぬか」すると群衆が「吉田盗人にしたがうことあるものか」と悪口雑言を並べる。

勇之進のことを「伊達秘録」では、六十ばかりの老人とする。「伊予簾」では、出てきたのは三人で、一説には上大野村の者としている。勇之進は、かなり年配であることが、その後の調べでわかっている。彼は小頭であり、村の信用も厚い。取り調べの結果、一揆の指導者ではないと釈放されている。「吉田御領乱立聞合書事」はあくまで伝聞なのだが、このやりとりは実際にあったとしてよかろう。

勇之進が出たというのは、表に出ても安心な者、つまり一揆の寄り合いに出ていない者だからであろう。表に出て世話をする役の者たちは、そのまま一揆の頭取ではないのである。

彼は仕方なく引き上げ、そのまましばらく黙しており、八つ時切腹したという。家来が、駕籠から桶を取りだし、死骸を取り納めて帰ったという（「吉田御領乱立聞合書事」）。

ここで、切腹の様子にふれておきたい。安藤氏を美化している「伊予簾」と「伊達秘録」ではともに、安藤氏が自力で絶息できなかったことを記している。家来に介錯をと叫び、家来は、「伊予簾」では首筋をかき、「伊達秘録」では首を打ったとある。実際には家来が介錯したかはわからない。鈴木作之進は家来は茫然としていたと書いている。

「屏風下張文書」「庫外禁止録」でみてみる。

勇之進が一揆後、寄贈した手水鉢
（鬼北町上大野瑞林寺境内）

最初から切腹と決めていたのではなく、説得に失敗すれば切腹というつもりであったのであろう。切腹の用意はしていたが、駕籠は町駕籠であり、格式を欠いていた。

安藤家老は、虫の息があったようである。

興野々村庄屋の急報により、横田は重役たちに報せに走り、小島は河原へ走り徳弘奉行と会った。横田は、安藤家老の養生所を借りるよう手配し、併せて医師を河原へ使わした。鈴木作之進に行けと命が下ったが、横田は「未だ決しがたいことあり、早速養生にはかけがたし。このことを小島へ伝えよ」と鈴木作之進に申しつけた。つまり、治療にとりかかってはならないという仰せである。虫の息の安藤を前にして、この指示で現場は右往左往した。ようやく医師に治療さすことに決し、医師を呼び入れた。医師は、容体を見て、「かような御変病は、墨付き（許可書）なくしては療治に取りかかり難し」とさじを投げた。つまり手当のしようがないという意味であろう。容体報告に医師を連れて小島の元へ帰った。やがて安藤は絶息したであろうが記事はない。

切腹の跡がそのままだというので、鈴木作之進は河原へ片づけに行った。見苦しい様子であったので、安藤の家来に始末させた。家来たちは主人の切腹に茫然として何もできないでいたのであろう。

駕籠がひっくりかえっていたが、その駕籠は、宇和島の町駕籠であった。切腹は覚悟の上であったらしく、常よりは立派な大小をもたれ、白無垢まで持参されていた。ならば、駕籠も御駕籠ならよかったのにと残念に思うのだった。

鈴木作之進は、切腹に感動したわけではない。この切腹に対しては、両家中の賛否は半々である。百姓側も念仏を唱える者もおり、他の役人も切れと冷ややかに見る者もいた。切ったのは一人でないという噂がぱっと走ったようである。

尾田家老は、変事を桜田家老と会談中に聞く。尾田は真っ青となった。桜田は「儀太夫、切腹は早かりし、もってのほかの大不忠者め」と叫んだという。尾田隼人は心神喪失となった。あとを追って、切腹しかねないと桜田は心配し、人をつけて帰したという。尾田は、そのまま吉田へ帰った。これは「吉田御分百姓中騒動聞書」である。この時、腹を切った吉田役人がたくさんいると噂が飛び交った。「吉田御分百姓中騒動聞書」では、筆頭家老飯淵以下五人が切ったと風聞をのせている。「吉田御領乱立聞合書事」では、「飯淵家老は腹を切っていなかった。病気と称して一度も姿を見せなかった」と報告している。

安藤家老が腹を切ったなら、切るべき人はほかにもおろうというのが下々の雰囲気であった。

井上に　しくしく　なきやる　かわず（蛙）どの　切るのが嫌なら　跳んでどんぶり

「井戸の上で泣いている蛙殿、腹切るのがいやなら　どぶんと井戸の中へ飛び込め」と井上治兵衛もからかわれている。

この夜、宇和島藩は、願書を提出せよときびしく催促した（「庫外禁止録」）。

二月十五日　願書出る

尾田家老と桜田家老の会談中に、切腹の報が飛び込んできたことは、「吝嗇ちよむがり」でも記されている。尾田は、「ふだまをぬかして、火鉢を踏むやらお色も青ざめ、股だちとりあげうろたえさわげば」という状態になり、桜田家老に「家老の身としてうろたえ給うな静まりたまえと心をそえられ」となだめられた。そして尾田は、「今更うっかり積気が起きて苦しうござると断り申して、会所へ下って解毒を呑むやら按摩をとるやら」と書かれている。ここで「会所へ下がった」という記述が、「庫外禁止録」「屛風下張文書」に書かれている吉田藩の役人の宿舎「町会所」と一致するので、「吝嗇ちよむがり」は事実に基づいているといえる。

「伊予簾」は、切腹の報に接し、「尾田氏是を承り、もってのほかの仰天にて途方にくれておられしが、しばしありてようやくと心をしづめ評定の場へ通りて、大老桜田監物殿へ右の次第を述べられける。その体相、はなはだ当惑の面相顕れ見えければ」とある。

その尾田氏の顔色を見て、「儀太夫の心底察したり、しかしその場にも及ぶまじきに、早やかりし、残念なり」と声をかけた。これは、儀太夫をほめれば、尾田氏も後を追いそうな顔色であったからだという。このように尾田氏の当惑は諸記録に見え、事実であろう。

さて、「吝嗇ちよむがり」によれば、尾田家老は、十五日河原へ行ったことになる。

「これでも済まぬと八幡河原へひよかりとつん出てうろたえ廻れば、そりやこそ尾田様あっぱれ御家老、切腹めさるとあまたの見物、百姓もともども付き廻せど、連木に味噌かや、お腹のお皮があんまり厚ふてやへ刃がたたぬか、あなたのお顔は千枚張りかや、赤恥かいても恥とも思わず、命が惜しうてすごすご帰るは、卑怯なことだぞ」とからかわれている。

吉田から、奉行一人帰れと至急の連絡があり、横田が帰った。これは、宇和島藩家老二名が吉田に来たことに関係するのであろうと鈴木作之進は想像した。横田が戻ってきて、「年貢は、二、三年は宇和島へ納めるというように聞こえていたが、宇和島藩役人立ち会いの元、収納することに決した」と報告した（二の二十一号文書）。

この会談には、噂さが飛び交った。

「宇和島家老は、御朱印状をとりあげよう（所領を安堵した幕府の書状）としたが、下々には真偽のほどはわからない」と「吉田御分百姓中騒動聞書」は書いている。

剛勇の中老郷六が、「槍にかけても渡さぬ」と突っぱねたという。このおかげで吉田藩は危機をまぬがれたという。このような尾ひれが後世ついた。真実は、「屏風下張文書」により明らかとなった。

さて、百姓たちが心を開いてくれないので願書の聞き取りも進まない。困り果てていた。ここからは「伊予簾」の重要な記述を信用して一揆の最後の山場をのべたい。

鹿村覚右衛門はふと思いついた。

「近永村で出会った山奥勢のうち、年頃にしてひときわ分別のよい者が三、四人いた。この者たちもここへ来ているから、呼び出して、心を打ち明けてみよう。」

すると諸役人もそれがよいという。そこで、顔を覚えておる者を河原へ入り込ませて呼んできた。

「わたしは近永村で対面した鹿村覚右衛門である。さて、ここへ呼んだのは頼みがあるからである。数千人の人民がここに逗留することははなはだ重大事である。片時もはやく帰村させたいのだが、今もって願書が出ないので、裁許ができない。山奥は願書を出したので、願いがわかるのだが、村によっては他に願いがあろうから、聞き届けてやりたい。

昨日の安藤氏の切腹をどのように感じたであろうか。至極大切なことである。一日延びれば吉田も宇和島の上下も大変である。他国の聞こえも悪く宇和島の威光がなきがごとくである。このことをよく心において説得してはくれまいか。ついては、山奥分の裁許をするから、まず山奥分が帰ってくれ。わたしはお前たちを頭取として話しているのではない。それゆえ、名前も村も聞かない。また、頭取の吟味もしない。早く相談して返答してくれないか」

「頭取吟味をしないとは、ありがたいことでございます。数千人おりますが、話して聞かせます。後ほどまいります」

と言って下がった。しばらくして、

「山奥一同帰村を承知いたしました。しかし、この度の一揆は、吉田百姓一統の申し合わせでございます。他村の願いも聞いてやってください。その上で、百姓一同に帰村を命じていただきたく存じます。」

と返答があった。つまり、一統が承知したということを遠回しに伝えたのである。

武左衛門の最大の功績はこの説得にあり、武左衛門一揆と呼んでよい理由はこの点にあると思える。

早速三間郷の村々を次々と呼んだ。「山奥は願いの御裁許をいただけば帰ると申して居るが、三間もそうすべきであろう」というと、たちまち了承した。百姓たちは次々願いをのべた。奥分、三間郷が従うと、海辺は簡単であった。

二の二六号文書では、百姓から出された願いを記録した上で、今日（十六日）帰村になったのは、三間が願いを出したことによって決着したからであると書いている。

宇和島藩役人は、これも安藤氏の切腹で百姓たちの、乱暴な心もくじけたのであろうとした。「伊予簾」では「忠死をとげたまう義心むなしからず、大功のあらわるるところなり」と記している。この解決は安藤家老の切腹のおかげだとしている。

「伊達秘録」では、八ツまでに願書を出せ、出さねばここを立ち去れとふれたところ、七ツに願書が出されたという。

この時、武左衛門が、伝承の二十四名を集めて直接説得したのであろうか。後日の取り調べで、一揆勢を強力に指導した者がなかったことが明らかになっている。武左衛門と藤六・幾之助は互いを知らぬままますんだかもしれないのである。

山奥・川筋勢が、われらは先に帰るがそれでよいのかと宣言した結果、三間勢があわてたのが真相に近いであろう。三間勢は、近永村周辺の一部以外、十分な用意がなく、一揆が来たら、大綱と食料を携えて出るという意識を形成しておくので精一杯であった。

願いを何にするかまで検討しておく余地はなかった。それを事前に行っておれば、内通者に探索されていたことであろう。

それゆえ宇和島藩どおりにしていただきたいとか宇和島藩に年貢を納めさせてくださいとしか言えなかったのである。これは宇和島藩が良かったからというより、逃散の際の常套句である。帰村してから本格的に願いをまとめることになったのである。そもそも願いをまとめ上げるというのは大変な作業なのである。


夜半、吉田藩に明日帰村となりそうであると手紙が来た。

宇和島藩家老桜田監物宅へ桜田数馬、望月八郎左衛門、梶田長右衛門、吉田藩の尾田隼人、郷六恵左衛門と吉田郡奉行二名が集まり会談した。おそらく吉田から駆けつけたようである。

翌十六日明け七ツに宿に帰ってきた。

二月一六日　帰村

警護の足軽を宇和島藩から五十人、吉田藩から十人ほどだすことになり、務田、宮野下に配置した。道々で昼食の粥を出すための手配もした。さらに、帰村の道筋、警護役などを決めた。

明け六ツ横田奉行、鈴木作之進は河原へ行った。中老郷六も馬で来た。小島奉行は、宇和島の御殿に詰めて待機した。中間村庄屋宅にて、徳弘弘人より、申し渡し状の説明があった。

宇和島藩郡奉行徳弘弘人、御目付須藤弾右衛門、二宮和右衛門、吟味役鹿村覚右衛門が河原に出て、

百姓を集めた。各村の庄屋が引率して整列したようである。

徳弘弘人が仰せ渡しの儀として読み上げた。

「その方ども願いの筋があり一同申し合わせてここへまかり出候につき、吉田御家老中御郡奉行衆と相談の結果、裁決が決まった。今から申しのべる。ここを今日引き払ったあとは諸事つつしみ、帰路においても吉田の軽き役人に対しても無礼なきようにせよ。めいめい帰村の上は農業に出精あいつとめるように」

鹿村覚右衛門より十一条の裁決が読みあげられた（「庫外禁止録」）。

横田茂右衛門が、「徳弘弘人殿が申し渡されたことならびに読み聞かていただいた裁許状は、吉田御家老様と相談の上お聞き届けあるので、帰村の上は農業に神妙に出精するべきこと」と宣言した。

続いて、「三間中・立間・喜佐方」に対して申し渡しがあり、代表して能寿寺村庄屋が受け取った。こうして「浦方一統」「山奥、川筋一統」と領内を三つにわけて申し渡しを行った。帰村は、吉田藩奉行以下が付き添い、宇和島藩徳弘弘人も三間吉田とまわって見届けた。

「吉田御分百姓中騒動聞書」では、「強訴であったため、頭取吟味はまぬがれないと御百姓中は覚悟を決めていたが、すべて頭取吟味は行わないので安心して帰るよう宇和島藩から仰せつけられた。これでは百姓のまる勝ちではないかと吉田の役人たちはくやしがった」とある。

二月下旬裁決内容申し渡し

二月中に吉田藩は、二十三か条の裁許状を村々に伝達した。この二十三ヶ条をいちいち解説していくと、長文になるので概略を述べる。詳しくは『伊予農民騒動史話』の「吉田藩紙騒動」を参考にされたい。

紙方役所は廃止され、紙関係は従前の通り郡奉行所が担当することになった。紙の古借金（第三章参照）は、取り立て延期になった。これはやがて免除となる。年貢納入方法が改められ、不正が排除された。夫食米（ふじきまい）、井川方定夫食米がきちんと支給されるようになった。これらが重要な点である。

但し、裁決された内容は、宇和島藩同様の政治にする（戻す）であり、吉田藩百姓が新しい成果を勝ち取った訳ではない。これで収めた以上、百姓側の罪を問う必要もなかったのであろう。

五　捕り方、暁の急襲

一揆の参加者

さてこの一揆の参加者は、木札に書いて提出されたのでわかる。

以下は二の二八号文書である。

三間三十五村　　　　　四二五八人
立間起さがたはげ河内四ケ村　二七三人（はげ＝法花津）
浦方　　　　　　　　　一七〇九人
山奥川筋　　　　　　　一三五七人
〆　七五九一人
外に五十六名　元町分

二の二九号文書では、村ごとに参加人数が記されている。上大野村が三八名で、山奥十か村で六二八名 川筋九か村で七二九名である。他に、ほらがい五つ、大綱十七本持参とある。
二の三一号文書では、八十三か村の「世話取り次ぎ」役の者十三名が記されている。

仁牛　　兵内
北灘　　平吉
深田　　幾之進
是房　　源六（五の十八号・二二号文書では伝六。伝承の副頭取善六に該当する）
沢松　　藤六
国遠　　幾之助
吉野　　京蔵

上川原淵　与吉
延川　源次
高野子　幸左衛門
立間　三平
上大野　嘉平　同じ　鉄平　（嘉平が武左衛門、鉄平が鉄五郎）

「世話取次」は、河原で自村の世話をした者で、一揆の指導者という意味ではない。この中で、一揆の指導者が何人か捕縛されるのであるが、それは後述する。

持参物は、ほらがい五つ、大縄十七荷であった。

（注）八十三か村という数字は、「屏風下張文書」に基づいている。吉田領の村数は、『郡鑑』では八十八村である。寛政五年では、全領を八十三村と数えていたのかはわからない。

願書聞き取り

百姓帰村後、郡奉行所は各村を巡り、村ごとの願いを聞いてまわった。長年手を付けることがなかった村政を改め、人心を一新する目的である。なんのかんのと申してその聞き取りは難儀を極めた。特に三間は、なかなか納まらず、また、百姓たちが騒ぎそうになった。さいげんなく言いつのる村からは、機を見てさっと引き上げたりもした。鈴木作之進は大変な心労を強いられた。これは三月に入ってもまだ続いた。

たとえば小松村では、村政改革は、四十二か条（三の六号文書）にもおよんでいる。

一、百姓相続之節御庄屋所へ扇子切り

百姓が家を相続したときは、庄屋様へお礼として出すのは扇子（扇子は祝い事などに現金を直接渡す代わりに用い、換金することができる）だけなどと村政の細かい部分にまで及ぶ。

一揆の召し捕り

旧『日吉村史』（井谷正命の著作をもとにしている）に次のように書かれている。

吉田藩は首謀者を密かに探っていたが手掛かりがない。宇和島藩には「奇禍おくべし」という雰囲気であったから正面切って探索するわけにもいかない。

一揆の翌々年の春、例年の河川修繕の作業が行われた。この共同作業では、「井川夫食米」が支給される。一揆のおかげにより、きちんと支給されだし、百姓たちは大喜びである。吉田藩は、探索のためよりすぐって役人を任命し、岡部という者を上大野村へ行かせた。岡部は、従来の役人と打って変わって、親切に百姓と接した。酒肴を振る舞いながら、先年の一揆の統領の力量の素晴らしいことをほめたたえた。これほど有為な人材を野におくことの不利をのべ、藩としては、召し出して十分に取り立てるという評定もあったのにと残念がって見せた。大酔いの百姓は、すっかり喜んでその偉い頭取はうちの武左衛門様よと次々一揆の指導者たち二十四名を自慢しだした。

岡部は、直ちに藩へ報告、藩はその場で捕縛隊を結成し、釣り竿や猟銃、風呂敷包みをもつという変装で直ちに裏門から忍んで出た。月の出とともに踏み込む手はずである。

一団は、武左衛門宅に「武左衛門さん、ちょっとお耳を」と声をかけ、出てきたところを縛った。引っ立てて筒井坂まで来ると、ただちに首をはねた。捕縛がわかるとどんな騒ぎが持ち上がるかもしれないからである。そして、七日間、上大野村と下鍵山村の境にさらし首にしたという。寛政七年二月二十二日のことである。副頭取善六以下二十四名もとらえられ、善六が永代入牢、その他は流罪となった。安藤儀太夫十七回忌のおりに赦免されて居村へ戻ったという。

「伊達秘録」は、おもしろ、おかしく書いてある。

岡部は酔ったふりをして「あれこそ一方の大将となるべき人物。どこの誰ぞ」と持ち上げる。彼の傍らに困窮者が酒に酔ってやってきた。「御奉行様、あの頭取は山奥の上大野村にて武左衛門と言うて、土州生まれの才物でございます。二番頭取は是房の善六というてこれも同じぐらいの才物。おお、そうそう都合二十四人と言うたぜのぉ」と言うたところ、それぞれ頭取自慢を初め一日を費やしたという。

捕縛の日、岡部は滑床の滝見物に出かけていっておらず、帰ってから、「残念無念、わたしがおればなんとかしようがあったのに」とくやしがって見せ、心の中でうれしく思ったという。それで、百姓どもは岡部をたよりに思い、尊敬したという。

「伊達秘録」では「筒井坂にて十七日間さらし首とす、天これを許さずとはこの事なり」と記している。悪人が逃げとおすのを天が許さなかったという意味である。

半信半疑に思われてきたが、今回の新発見史料では、それを裏付ける史料が発見された。この話は事実にもとづいており、大筋認められることがわかった。それをみていこう。

一揆の探索は、事件後直ちに着手されていた。一揆の参加者を村ごとに特定した。次に誰が村々の代表として世話をしたかを探り、十三名の世話役を特定した（二の三一号文書）。

世話役は一揆に立ったあと、村の代表者として行動したのであって、一揆の先導者ではない。

二月二十日より、例年より遅れてしまった「山奥川筋井川普請」が始まった。担当役人は、江口円左衛門と岡部八左衛門である。

岡部の名は、「庫外禁止録」、「屏風下張文書」、「予州吉田御領宇和島御領聞合書写」ともに名があり、この役目をおった実在の人物であった。

井川普請は、川や水路の補修で、田仕事に取りかかるための準備である。労役であるが米が支給されるので、百姓はこれを春先の食料としてあてにしている。この米の支給が宇和島藩に比べて低かった。今回は、これを大々的に行い、女子供にまで支給するという「お救い」同様にした。常々の十年分の米を出したという。こうやって、人心を回復させ、また、洪水で、うち捨てられていた田を修復するのもねらいであった。同時に岡部は、一揆にかかわったと見られる人物の捕縛も命じられており、高野子村幸右（左）衛門を召し捕るように命ぜられていた（三の一二号文書）。彼は、高野子村の世話役である。一揆の初めの震源地は高野子村であるから、まず最初に事情を聞かれる立場にある。しかし、彼は、召し捕られる予定であったが延期された。重要な役割を果たした者たちが判明したからである。

「予州吉田御領宇和島御領聞合書写」は、頭取が逮捕され罰を申しつけられそうだという風聞に基づき、十一月九日、予土境目の村々で、中村詰め下横目（土佐藩）の三八が聞き合わせたものである。

井川役出来（井川役が出来し）、村々へ入込、数日滞留仕候中、方便を以て、逃散の頭取を承合わせ、御普請出来諸方井川役御城下へ引き払い、今、四月頃にてもござ候か、右村々より都合十七人召捕り、吉田表において牢屋に入れ、その後たびたび拷問吟味厳しくござ候由。追々、長本相のがれ候者（張本人でないとされた者）十人、在所々へ前体にお返しなされ、相残る者上大野村武左衛門、同村鉄五郎、沢松村藤六、国遠村幾之助、上ミ河原渕村与吉、延ツ川村源治、兼近村金之進都合七人、逃散基本の由にて、今入牢、何らの御作配もござなく候。もっとも下説には、名上ミ四人は死刑、三人は永牢仰せ付けられる筈などと申し居り候。

以上のごとく井川役がうまく聞き出した。伝承どおりだったのである。百姓は信用しては裏切られる。やはり最後まで狸役人であった。「屏風下張文書」では、酒屋を営む商人からの情報も役立っているようだ。

さらに続きには、「最初の四人は死罪との風聞である。この罰をどのように申しつけるかお伺いに江戸へ使者が、十一月五日に立った。その外にもたくさん召し捕られたり、村々において処罰された者もあるという風聞である」と記している。

捕り方手順の文書は、「屏風下張文書」に多く残っているので見ていく。綿密な打ち合わせのもとで行われた。

四月。家老衆以下鈴木作之進まで列座するという御評定があった。これ以上召し捕りをのばすべきでないということに決して、十四日暁にいっせいに召し捕ることになった（四の一号文書）。

異国船漂流手当の稽古として人を集めたので疑う者がいなかったという（四の十号文書）。捕り方二十余名が十三日夜出発した。

川上村彦吉、彦之進、庄右衛門は縄をかけずに召し出すだけでよいとした。

小松村徳蔵、延川村源治、上川原淵村与吉は二関古吉の指揮で行うとした。小松村勝三郎も捕らえられる予定に入っている（四の一三号文書）。

上大野村の武左衛門、勇之進、鉄五郎の召し捕りは、さらに別に人数を出し、差配は西村善右衛門に仰せつけられた。なお、岡部八左衛門に手引きをさせるとある。時間は他と同じに暁に決行である（四の一号文書）。上大野村三人には、十五人の外、縄取りに御中間をあてることにした（四の五号文書）。

藩は上大野村を頭取たちの村として把握していた。

十三日夜、井川方御用として二関古吉は小松村庄屋宅へ泊まった。この一行は上大野村へ行く一隊ではない。十四日暁七つ頃、庄屋に案内させ、下大野村境（ここが伝説に言う筒井坂）に行った。ここで外から来る一行と集合する予定であった。小松村庄屋には絶対にもらすなと打ち明けていた。たとえ嫌がっても絶対手引きさせるよう命じていた。そして、徳蔵逮捕に同道するよう命じていた。たとえ嫌がっても絶対手引きさせよと強い命令が下されていた。延川村源治の捕り方は、暁そっと近藤牧太を起こし案内させるつもりであったが、彼は不在であった。もちろん前もって知らせておくなどしていない。

しかたなく庄屋を案内させた。川上村の三人には庄屋を案内させることにした。近藤牧太は蟄居の身であったが、一揆の際の働きにより許されたという。「伊達秘録」には、「第七近藤牧太注進之事」とある。

上大野村へ踏み込む一行は、夜、黒井地村庄屋の案内で、宇和から野村を経由して高野子村番所に入り、夜明け前に村へ忍び込み、未明に逮捕する手はずであった。

昼間踏み込んだら村々のものが大騒ぎになることを恐れてのことであった。もし、騒ぎ出したら、「これ以上逮捕者はないから安心せよと鎮めること」と申し合わせていた。また、上大野村の三人を、領内を通って連れて帰ろうとした時、百姓たちが騒いだら引き返して高野子村から宇和島領を通り、宇和へ

現在の上大野
武左衛門宅推定地は写真中央

出よと西村へ伝えておいた。彼は最初からその通りにした。したがって筒井坂は通らなかった。囚人を連れる一行の後ろをかためる人数も配置した。

勇之進より年上の小頭三之進を、引き出すかどうかは岡部に任すとある。岡部は逮捕することに決した。捕り方と同時に各地に押さえの役人を配置した。鈴木作之進は山奥の口組の担当である。三間各地にも代官、役人を配備して騒ぎを警戒した。

さて、岡部は、井川御用として十二日、上大野村と父の川村へ行っていた。十三日から仕事に取りかかっていたのだが、普請方の新助を呼び耳打ちをした。「明日未明、上大野村の頭取三人を召し捕るから、お前は今夜は、家に三人がいるか確かめておいてくれ。そして、召し捕りの時は家まで案内してくれ」

新助と岡部は上鍵山の庄屋宅へ移り、十三日の晩を泊まった。庄屋にはこのことを打ち明けなかった。庄屋は藩側の者であるが、同時に百姓の味方でもあるからである。

未明、庄屋を起こして初めて打ち明け、一緒に来させた。庄屋宅の下の辻堂で、高野子村から来た西村一行と落ち合った。

武左衛門とその家内三人の捕縛には七人、勇之進には三人、鉄五郎とその家内三人には九人、その外に予備六人（この内一人は捕縛後の注進役）を用意していた。外の逮捕予定者についても、逮捕に

勇之進宅跡（上大野）

あたる者の氏名まで綿密に計画されているが略する。

逮捕者は予定外の者もあった。川上村の藤三郎である。また、徳蔵の倅藤吉も後日召し捕った。このあと、関係者が大勢引き出されていくことになるが煩雑になるのでこれを略する。こうして最後に頭取とされた者は九人である。

さて井谷正命氏は、伝承される副頭取の是房の善六と立間の籐五の名が、「庫外禁止録」の逮捕者の中に記載されていないのはなぜかと、筆写の際書き残している。

「予州吉田御領宇和島御領聞合書写」では捕縛者は七名、「庫外禁止録」では九名である。

この違いについて考察しておく。延川村源治（次）は、世話役の一人で、武左衛門らと同じく四月十四日に真っ先に捕縛された。この日に捕らわれたのは十二人であった。この中に、武左衛門　鉄五郎、与吉がいる。与吉は、庫外禁止録には名が漏れているが、「屏風下張文書」には、捕縛の手順が記載されている。その後、だんだんと一揆に働きがあった者たちを、捕縛していく。沢松村藤六は四月二十日（屏風秘録では二十七日）、延川村清蔵は五月三日、国遠村幾之助は六月一日、興野々村彦右衛門は六月五日、兼近村金之進、六右衛門は七月九日である。取り調べの結果、源治は単に世話役であり、清蔵が頭取と見なされたようである。

村名	聞合書写	庫外禁止録・屏風秘録
上大野村	武左衛門　鉄五郎	武左衛門　鉄五郎
沢松村	藤六	藤六
国遠村	幾之助	幾之助
上川原渕村	与吉	与吉
延川村	源治	清蔵
兼近村	金之進	金之進、六右衛門
興野々村	なし	彦右衛門

頭取九人の取り調べ

頭取として逮捕された者は、鈴木作之進の記録が間違いないので九人である。五の二四号文書は、九人の取り調べの結果の概要である。なお、詳しい吟味書があったと書いてあるのだが、そちらはない。

「聞合書写」では、武左衛門、鉄五郎、藤六、幾之助を罪が重いと聞いて帰ったが、「屏風下張文書」でもそのとおりになっている。それでは、九人をみていくが、わざわざ、罪の軽重の順ではないと断り書きがある。この一揆では明確なリーダーが見あたらないのである。

嘉兵衛（武左衛門）

山奥の頭取であり、最初から頭取の意志を持っていた。戸岐御前山へ登り、（一揆に立つことを決したメンバー）さらに、高野子村を誘った。そして願書を出した。（近永）一揆は山奥から出始めたのでこの者を第一の頭取とするべきである。

高野子村を誘ったとは、一揆に出て来ないのを最終的に呼び出したという意味であろう。

「庫外禁止録」にもあるので、そちらも記載する。こちらは武左衛門としている。

囚人のうち、御領一円の頭取と号する者はなし。武左衛門と申す者は、つまびらかに事が分かる者で、山奥中の願書を書き、村々から少しの礼物も受け取っている。まず、この者が第一の頭取とはなる。

武左衛門は一揆にいたった事情を詳しく述べた（二の四号文書）。第三章吉田藩の紙専売制度で筆者が述べることが全てわかっていたのである。実施された専売制度は、土佐藩が七年前あまりに過酷として取り下げたばかりのものである。紙方役所を止め、元の郡奉行所の扱いに戻してほしいと訴えた。また、その他の願いも、不正を止め、宇和島藩同様だった過去の藩政に戻してほしいという内容である。「根深く存じ込み、願うところも皆筋があることで、不法とは申し難い」と認めざるを得なかったのである。

次の藤六の中にその文章がある。武左衛門の重要な人物評である。

藤六

この者気ままにしてものも道理もわきまえず、思うままに行動した。武左衛門は、根深く存じ込み、願うところも皆筋があることで、不法とは申し難い。八幡河原への道筋で願ったことも格別咎あることとも言えない。しかし、この藤六は根も浅く、願うところも無筋不法である。

「庫外禁止録」では次の記述がある。

宇和島へ御物成の津出し（年貢納入）をしたいと申し出したのは藤六である。これは強気にして思慮なき者と見える。

（注）伝承では、副頭取として立間の藤吾の名が伝わっている。同一人物かもしれない。

幾之助

最初から近村と一揆の相談に加わっていた。三間から窓の峠を越して、宇和島へ出たのはこの者が頭取である。しかし、思慮がないので八幡河原では頭取の働きはできなかった。しかし、藩境を越えた頭取はこの者に極まる。一揆から帰村した後、三間でいろいろ企んだのもこの者である。

「庫外禁止録」では次の記述がある。

幾之助は宮野下より宇和島へ引き出したる頭取である。前々から土佐領へ出ようという話があったのを、宇和島へ出ることによって一揆を成功させたのは自分の手柄であると誇っている。

（注）紙方仕法の廃止を願うなら、これを実現した土佐藩に願い出る方が有利である。

清蔵

知恵のある者とも見えない。村のために活躍することもなかった。格別目立つ働きもなかったが、世話したことには違いないので、武左衛門に続く頭取になると思われる。

鉄五郎

知恵がある者とも見えない。日頃より勝ち気で大声でものを言う。おのれが立ち回れば人はみな従い願い事もかなうかのように頭取気分でいたが、頭取の働きはできていない。八幡河原にても人を見下し、かれこれ口を利いて回ったが、分別がないので人がついてこなかった。しかし、周りから頭取頭取と持ち上げられたところから、村から人を一揆に押し出す働きはしたと思える。

与吉

鉄五郎や藤六のような思慮なき者のたぐいではない。少しは根もある。川筋の世話を焼いた。戸岐御前山で相談した時も、この者が川筋を連れて行った。しかし、見極めるほどの証拠はなかった。

彦右衛門

あれこれたくさん言うが、根浅くて見かけだけの者である。

金之進

至って不届きで罪軽からず。

彼については史料が断片になっているため文意がわかりにくい。一揆後、宇和島藩へ落書を行ったようである。

六右衛門

金之進と同じであるが、罪は軽い。

こうしてみると、働きがあったのは武左衛門、鉄五郎、藤六、幾之助となる。九人の逮捕者の中で、武左衛門だけは、「根深く。非なし。不法とも言えず」とあり、領内随一の智恵者であったのである。幾之助は、藩側に立って行動した百姓のメンバーでもある。両方にうまくとりいったのか、藩側の情報を得るために潜り込んだのかはわからない。

この一揆に全領の頭取はいない。しかし、該当者を出さねばならぬので、武左衛門となったのである。江戸からの返答は、一名死罪にせよであったようである。

下張文書　一揆の頭取の取り調べ結果（屏風秘録）。軽重の次第は不順と断り書きがある。これは嘉兵衛（武左衛門）である。

処罰

「叶高月旧記録」では、寛政七年三月二十三日に打ち首。柴田家文書（『伊予吉田郷土史話集』六一頁）によれば、「針ヶ谷打首、上大野村にて獄門」である。

他の者は永牢との伝承があるが、松浦洋一氏の研究では以下の通りである。

金之進、六右衛門は、寛政六年八月に相次いで亡くなり、過去帳に記載がある（『あいり一三号』）。藤六は、文化六年（一八〇九）死去の記載が過去帳にある（『あいり十号』）。どのような処分を受けたかはわからない。

幾之助、藤六は、安藤氏の十七回忌の赦免で牢から出されたという（「不思議話取寄草」）。

鉄五郎などは不明である。

武左衛門が獄門にあった場所は、上大野村の堀切説と筒井坂説がある。武左衛門の位牌や宅跡ではないかと思われる場所などは、『あいり十八号』で調査されている。推定される位牌は宗楽寺にあるが、確証は得られなかった。

吉田町針ヶ谷（武左衛門の処刑地）

六　武左衛門は吉田八十三ヶ村の指導者であったか

チョンガリを紹介したのは井谷氏

一農民が三年間、チョンガリを語り、副頭取是房の善六以下二十四人の同志を得たということは、この一揆がもっとも高く評価される点である。このことがあるゆえ教科書にも取り上げられていると言ってよい。

今まで、武左衛門の存在すら証明できなかったのであるから、チョンガリをしたかどうか問われるはずもなかった。一揆は物語の世界の出来事であったのである。ところが新史料の出現により、事実かどうか検討できるようになった。

さて、武左衛門がチョンガリをしたとは、新旧いずれの史料にも現れない。地元の古老の伝承にそれがあったのかどうかもはっきりしない。

これを初めて紹介したのは第二顕彰期の井谷正命氏である。氏は「安藤忠死録」「伊達秘録」と古老の伝承に基づいて「吉田領百姓一揆の顛末」（海南新聞大正三年七月）を書いた。その際、耳目にふれたことのみを書いたと断り書きをわざわざ入れているので、それを信用すると古老の伝承となる。新聞小説も書いた氏ゆえ、武左衛門顕彰のための創作が入っているのではないかと疑われるところである。

しかし、「幼時吾村の故老から、武左衛門翁に関する断片的の語説を聞く毎に、其常人にあらざりしことを感じていた」という「武左衛門翁伝」の前書きを信用して、筆者は、桁打ち（チョンガリ語り）をしたという話は、古老の伝承であると結論づけておきたい。

明治時代、チョンガリ語りは現実にまだ存在していた。

『九島民謡集』（現宇和島市九島）に、チョンガリに関する歌が載っている。

岡根のヒノラに　チョンガリがあらや　はよいかんか　飯やめて

（注）明治十五年頃の事か。私の家は当時大きな、くずら屋根で日当たりのよい縁側があり、旅廻りのチョンガリ（今の浪曲）が昼の仕事休みの時などによく催され、僅かずつ金を出しあってみんなで楽しく聞いたという。娯楽のすくなかった昔の様子が偲ばれる。

民謡集の編者が記す注釈によると、チョンガリ（桁打ち）明治時代にもまだ娯楽としてあったことがわかる。チョンガリは土佐にもあり、『土佐町史』に収録されている。

二十四名の頭取はいない？

さて、武左衛門は三年領内をまわって、二十四名の同志を得たと井谷氏は書いた。彼は「伊達秘録」「安藤忠死録」を参考にした。同書には、武左衛門、善六以下三間山奥に二十四名の頭取がおり、一斉に逮捕されたことが書かれている。

「伊達秘録」は、一斉に捕縛された者がほぼ二十四名だったという藩の記録を根拠にして、頭取としたのである。実際には、二十四人は容疑が晴れると次々村に帰され、最後に九人が残ったのであるから、二十四人の頭取がいたというのは誤りである。

井谷氏は、「伊達秘録」に登場する二十四人の頭取と武左衛門が桁打ちをしたという伝承を合わせて、物語を書いたのである。「伊達秘録」は、三間山奥の二十四人と書いてあるが、それを三年間領内をくまなく歩いて、領内から二十四人を探し当てたと話を広げたのである。

副頭取善六はいない？

副頭取善六は、「伊達秘録」に登場する。

是房の善六（伝六）は実在の人物である。藤六と関係したことによって取り調べを受けている。彼は一揆が立った後で、世話役をしている。

三間西部からは捕縛者は出ておらず、この方面に一揆の企みをした者はないと藩は結論した。したがって、一揆の取り調べでは、三間に副頭取は存在しない。

彼のことは「不思議話取寄草」に見える。同書は、頭取やその家族が天罰を被った話を書いている。善六は大百姓で気楽な身分であったのに、一揆に加担したため追放となり、家は断絶したと記す。また、同書では、東の頭取武左衛門と西の頭取土居式部が示し合わせてこの一揆を起こしたと書いている。これは明らかに誤りである。善六の副頭取としての活躍はわからなかった。

一揆に指導部なし?

最後に残った頭取九人は二つのグループに分かれる。

国遠村幾之助は宇和島へ一揆を導いた罪、沢松村藤六は宇和島藩へ年貢を納めたいと一揆の収拾を困難にした罪、兼近村金之進と六右衛門は一揆後、宇和島へ訴状をさらに出した罪である。彼らは、三間東部の者たちであり、一揆の勃発後、事態を全領に拡大したグループである。彼らは第二グループである。

第一グループは、残りの五人である。彼ら五人が優れた指導者として一揆を引っ張ったのではないことは取り調べで明らかである。武左衛門以外は「人望無し、たいした働き無し、知恵浅く、みかけだけ」という評価である。

一揆は、指導部という個人の力では動いていない。村やその集まりである山奥、川筋という単位の総意(一統)で行動している。戸岐ヶ森では、川筋、山奥口組　山奥奥組の三つの単位の総意で一揆を決議をした。

そこで、三つに頭取を割り当てていかないといけないので、戸岐ヶ森に集まった者の中から、奥組は武左衛門と鉄五郎、口組は興野々村彦右衛門と延川村清蔵、川筋は上川原淵村与吉と目立った者を割り当てていった。

頭取にふさわしい識見があったのは、武左衛門だけだったので、「この者が第一の頭取とはなるなり」(「庫外禁止録」)と選定された。

全領的な組織で立った一揆でなく、山奥・川筋に付和雷同的にみなが引っぱられたと判断したので、「領内一円の頭取は無し」という結論になったのである。

まとまりのとれない一揆の姿

約束をたがえ山奥・川筋は宮野下へ来なかった。仕方なく宮野下周辺の百姓たちが、役人や和尚と対峙することになった。願書をまとめる作業は難航を極めた。幾之助らは、吉田藩相手にすべきでなしとして、夜の内に宇和島へ発ってしまった。この勢が約千人である。

翌日、宮野下に残っている数千人は、止まって吉田藩と交渉をするか、近永へ行くか、八幡河原へ出るか決断を迫られる。朝、八幡河原から誘いの使者が来る。宮野下に残った一団は、昼、大綱を置いて八幡河原へという決断をした。この決断をしたのが、副頭取善六以下の宮野下周辺グループであろう。

一方、近永の山奥・川筋勢もまた、八幡河原へ出るのをためらった。行ったところで、信頼できる者はいない。仕法の廃止と古借金を免除してもらって帰ればそれでよいのである。しかし、吉田領全村が集まりつつあり、行かざるを得なかった。合い言葉は「吉田一統として訴えよう」であった。

八幡河原へ出たが、音頭をとるものがいない。鉄五郎や藤六や幾之助が頭取、頭取と持ち上げられるが、軽き者ゆえ支持する者はいない。「吉田の百姓は嫌じゃ」とか、どうしようもないことをわめいて人々をあおる。利口な者は、ここで指導者となれば打ち首だからと、顔を見合わせて座っている。

そんな時に、家老が切腹してしまう。思いがけないなりゆきに、一揆後どんな厳しい処罰を受けるかと、恐ろしさで震えたことであろう。

翌日、武左衛門ら山奥が帰村を宣言した。川筋もすぐ同意した。三間一統は慌てて集合し、藤六、幾之助を黙らせて、願書を出すことにした。とはいえ、急なことで願書をまとめることもできない。願書の内容をいちいち集まって相談しては、頭取とされどんな後難が待ち受けるかもしれない。また時間もない。そこでこんな簡単な願書となった。詳しいことは帰村後にということで宇和島藩に約束してもらったのである。二の二十六号文書である。

三間中立間喜佐方願

一　御物成方唯今迄之通吉田へ上納
　殿様も御立被成候様百姓も立ち候様奉願

年貢は今までどおり吉田様へ上納させていただきます。つまり、宇和島藩の百姓になりたいなどという無理な願いはもういたしませんと詫びたのである。その上で、百姓の生活も成り立つようご配慮下さいと願っている。

善六が追放処分となった理由は、この時のとりまとめや宮野下でのとりまとめにあるのであろう。善六がこれをおこなったなら副頭取に相応しい働きとなる。

海辺二十弐ヶ村願

一　出船入船雑穀入相五歩一薪積出等宇和嶋様之通

わずか一行ではあるがこの中にはたくさんの項目が含まれている。「出船入船」で紙方仕法のため船の監視が厳しくて困ることを訴えている。雑穀入相では、仕法のため海辺の村に来る商人が減り、食料の雑穀を高値で買わされていることを訴えている。五歩一は、漁獲の五分の一の漁業税のことで、願いたいことは山ほどあったことであろう。薪積出は、荷積み出しと考えられる。荷の積み出しの検査が厳しいことを訴えているのであろう。すべて宇和島様の通りとあるがここが重要である。

(注)「吉田騒動記」「伊達秘録」には、八幡河原で提出された願書(十一か条)を載せているが、これは裁許状である。二の二十六号文書によれば、願書は三通出ている。その内、山奥・川筋分が二の二一号文書と推定される。

合い言葉だけで立った一揆

この二つの願書は、短いが一揆の本質を語る重要なものである。

この一揆は、「非道な政治を改め、宇和島領同様の暮らしをさせてもらうよう、全村で宇和島藩へ出訴しよう」という合い言葉だけでたった一揆であった。宇和島藩は、中興の名藩主村候のもと比較的善意の政治が行われていたのである。

この合い言葉は、すでに七年前の土居式部騒動で使われている。この天明七年には、大凶作の中、池川紙一揆が起こり、土佐藩は天明の改革を行っている。我らも続けという機運が吉田領でも起こった。

六月十日をもって川筋・三間が宇和島へ出訴するというものであったが、内通者が代官所に通報した。日頃から村々にはこのような内通者を育てているのである。

三間宮野下三島神社の神主土居式部は、もし一揆になったら願書をどうするかと相談を受けていた。「なんのかんのと数々願いを言い立てなくても良い。先年までの通り宇和島様となんでも一緒にしてくださいと言えばよいのじゃ。」と答えた。

土居式部は、戦国時代のこの地の名領主土居清良の後裔である。彼はその遺品も多く収集し、農業書でもある「清良記」も所持していた。百姓の信頼も厚かったことであろう。

鈴木作之進は、土居式部に作り話をもちかけて、一揆の相談をしたことを巧みに聞き出した。彼が、酒の席で一杯加減で発言したことをつきとめたのである。そして百姓に好意的な商人樽屋与兵衛とともにとらえた。取り調べの結果、宮野下が一揆を企んだ気配はないが、一罰百戒の見せしめとして入牢させた。天明のききんの最中ゆえ、二人は獄死したのである。鈴木作之進は大手柄をあげ、得意満面であった。

この悔しい失敗の仕上げがこの一揆なのである。百姓に細かい相談などするゆとりはない。口にすればたちまち内通者から鈴木作之進にもれ、捕り方がなだれ込んでくるのである。

三島神社（三間町宮野下）

年増しに非道な政治

さて、宇和島藩と同様であったのに何が変わったのか、「吝嗇ちよむがり」で見てみよう。

ほんに皆様八年以前、飯淵庄佐が大きな企て、ちぎりの斗棒ができると升の底をば治兵衛がくぼめる、大豆は一月五匁上りに、その上一日五分の役銀…

蔵方証人納める物は、四つが過ぎたと目玉をむきだし、小言をまくれば百姓たまらず、断り言うやら酒を出すやら、その上ののしりゃ合点でござると、お金を包んでそろりと出させば、むき出す目玉もひこりとひっこみ、にこにこ笑うて、コレコレお百姓、かように申すも我等が役まえ、お心づかいはご無用と言いつつ、袂へねじこみねじ込み、大酒喰ふて昼寝はあまりのことだぞ。さて又流田そのまま年貢を取り立て、井川も百姓自力でせよとは、あたじけないこと…

八年以前とは、天明七年の少し前をさす。飯淵は筆頭家老で治兵衛は大目付井上治兵衛である。つまり藩の重臣の策略で、不正に大きな一斗升と、真ん中がふくらんだ掻き棒で年貢を余分に取り立てだしたことをさす。

年貢の不正は事実だったらしく、一揆後直ちに収納の役人の配置換えが行われている（「庫外禁止録」九四頁）。蔵方証人は、安田段七で、御蔵奉行の役人は全員、商人や村々から、「もってのほか悪しく」と評されていた（「吉田御分百姓中騒動聞書」）。

畑の年貢である大豆は、大豆に相当する金額の銀納であるが、高い大坂相場で計算された。しかも、遅れると月ごとに金額が上がって行った。大豆の相場が上がるという理由づけをされた。役銀は不明である。

四つが過ぎたとは、四つ時になると年貢収納の蔵役人はさっさと仕事をやめてしまい、遠くから年貢を納めに来ても受け取ってもらえないのである。そこで、わいろを出さねばならなくなる。地面が湿っていると、俵はおろすことが許されない。湿ってかさが増えるというのである。雨が降れば受け取ってももらえない。横柄な態度にさんざんな目に遭うのである。大酒飲んで昼寝をするなど腐敗しきっていた。また、山奥では洪水で流れた田にも年貢がそのままかかり、井川普請（洪水の復旧作業）は普通なら夫食米が支給されるのにそれもほとんどなくなった。

一揆後、夫食米が支給されだし、大喜びで井川普請を行っているところへ、岡部が酒を飲まして、武左衛門の名を聞き出したのである。

このような政治を、「吉田御分百姓中騒動聞書」は「年増しに非道になり」と書いている。

取り繕う吉田藩

一揆の願いは二つある。

・紙専売制度の廃止を山奥川筋が願う。
・七年以上続く悪政の改革を全領が願う。

従来から、前者の面が注目されてきた。この面から見ると、この一揆は「武左衛門一揆」「吉田藩紙一揆」である。四国の紙一揆の流れからいけば、起こるべくして起こり、農民側の要求が通るのが時代の流れとして位置づけられよう。後者の面から注目する人たちは、「寛政五年伊予吉田藩百姓一揆」と呼ぶ。

吉田藩の公式見解は、前者である。この一揆の原因は、山奥の紙に対する些細な願いをうまく解決できなかったことにある。法花津屋に恨みをはらそうと、山奥の頭取たちが、吉田の領地を取り戻そうと企んでいる宇和島藩の役人に取り入った。矮心を持った役人の手引きで大一揆に発展してしまった。「蟻の一穴、堤を壊す」ような思いがけないことになったのである。

全領に訴えられたなどと言えば面目はない。見解がこうである以上、一揆の処罰も、奥筋を罰することでそれ以上の追求は止めたと言えよう。

鈴木作之進は、「最初から自分に全て解決を任せてくれたら、このような大事に成らなかったものを、普段は自分のような軽き者の言うことを取り上げてもらえない」と悔しがるのであった。この思いから、「庫外禁止録」を書き残したのである。

山奥勢の先頭を歩いた武左衛門

武左衛門の本名嘉兵衛を記した二の七号文書を紹介する。

常福寺住職に説得をさせたが聞き入れなかった。ぜひとも宮野下までは行かないといけないと百姓たちは言う。出目まで来たとき、平井多右衛門が説得すると、納得して、ここで願書を出すと言った。そして、(近永)庄屋所に一晩泊めてほしいと申し出た。これらは、嘉兵衛一名武左衛門がしたことである。逮捕後の吟味でわかったことである。

(注)実際は、吉田藩代官平井でなく、宇和島藩代官友岡である。

武左衛門が初日、二日目と一揆の先頭にいたことが明らかである。「(武左衛門が)道々へ願い候事は格別、咎あることとも存じ申さず」(五の二五文書)とあるので、次の「伊達秘録」の記述も信用ができる。同書では、「十ヶ村頭取六人の内、上大野村武左衛門と申す者、願書そのほか受け答えつかまつる。ここ口伝あり」と近永での場面を書いている。口伝とは、口伝えの伝承である。内容はもはやわからない。「伊予簾」では、「近永村へ発出したる山奥分の内に、年老にて、ひときわ分別よろしき者とおぼしき百姓三、四人あり」と八幡河原での場面が書かれている。この中に武左衛門が含まれているのであろう。武左衛門は、常に先頭に立っていたのである。

武左衛門はチョンガリをしたか

新史料でもわからなかったと言わざるを得ない。

武左衛門は嘉兵衛という本名を持っている。嘉兵衛は上大野村の百姓としての名であろう。

その名はなんの時に使う名であろうか。この使い分けの理由に大きな意味があるのではないかと筆者は考える。

武左衛門の子は山伏である（「不思議話取寄草」）。父武左衛門が百姓であると同時に山伏であってもなんの不思議ではない。そしてチョンガリは、土佐で盛んに語られ、山伏も語る。武左衛門は土佐から来た者であるという伝承もある。武左衛門とチョンガリは結びつけられるのである。武左衛門は、願書を書けるほどの読み書きができ、捕縛後の自宅からは、吉田藩役人を皮肉る狂歌も出てきている。嘉兵衛が武左衛門の名でチョンガリを語ったとしても不思議でないのである。

鈴木作之進は、悪説を語るチョンガリを村から追い出して帰ると報告している。

一揆の煽動をチョンガリしたのは事実である。そして、おそらくこのチョンガリが語られていたのではないか。

百姓つづれ勢内の子印揃い　　　　注…つづれはぼろ着の意

あれあれご覧ぜ中程に　　　三枝笹に笠とかさ
立ちし印の大小屋こそ　　　名指しに及ばず此の勢の
大将とこそ見えにけり
弐丁余り継ぎ立たせ　　　　四尺廻りの大綱長さ
七尺余りの長柄さしかい　　七遍きたいの大斧に
千五百挺かざり立　　　　　柄鎌　鳶口　大熊手
　　　　　　　　　　　　　すはともいわば打たたん

その勢のいとすごく　　　　すさまじかりけるは次第なり

頭取のその日の出立は　　　下には手染めの紙子のじばん（襦袢）
紺糸にてさし堅めたる古つづれ　手織りの帯をしっかとしめ
やぶれかぶれのはち巻きに　十服入の大きせる
ちぎりの煙草をふきそらし　わらの円座に座したるは
又かたきにもたぐいたり

さてその次の村印　　　　　竹にわらをば掛けたるは
これ小屋村の一統なり　　　二本杓子（しゃくし）は森山村
二合半もつそは四分市村　　火打とかどを下げたるは
石畳のじゅう（住）人也　　わらじは父野川

後略

これは、『世直しの唄』（青木恵一郎著）に、「吝嗇ちよむがり」と共に記載されている。同書では、吉田藩のものとしているが、大洲藩の内の子騒動のものである。どこで発見されたかなどは全く不明で、現在の所在も不明である。

以下、内の子騒動に参加した全ての村が紹介されていく。文字を読めない百姓たちは、めいめいの村の印を下げて、村単位で座っていたのである。また、大綱も持参したことがわかる。

武左衛門一揆では、木綿の幟に村名を書き、またそれぞれの印をつるして座っていた（「吉田御分百姓中騒動聞書」）。また、大綱も各村一本持参していた。三間宮野下を経由した村はそこで置き、近永から千馬ヶ峠を越えた十七村は八幡川原へ持参した。

宮野下に一揆勢が集合したとき、役人の説得に対して、次のように述べた。以下は、「吉田御分百姓中騒動聞書」による。

二月十一日夜から十二日朝まで、吉田の御役人は入れ替わり立ち替わり、何とぞ吉田へ出て願書を出せと種々に説得したが、いっこうに聞き入れず、一言も返答しない。鼻歌にて、またよまたよ吉田の嘘つきどもにだまされなよ、大狸めらに化かされなとどっと笑ったと言う。また、先年の大洲騒動に大負けは無しと申したと言う。

武左衛門一揆では、内の子騒動をモデルにして行動していたことがわかる。すると、このチョンガリは、吉田領内で語られて、全村が団結して立つべきことを訴える目的で利用されたことになろう。鈴木作之進さえ予想外であった全村蜂起の背景には、こうした下地づくりがあったのである。

真顔で一揆の相談をすれば、たちまち内通者に通報される。だから、こういう滑稽なチョンガリを利用したのであろう。

次に述べる一の四六号文書は鈴木作之進がチョンガリについて報告したものである。なお文中の元宗村の庄屋は鈴木作之進が信頼しており、一揆勢が来た際、百姓の中に入ってとどめる者を用意しておくよう頼んでいた。「伊達秘録」にも登場する。

昨日、元宗村（三間）にて聞いたところ、チョンガリと申す者がこのたびの一揆の悪説を作り、門かどを語って歩いているそうです。このような者はすぐに村送りにして追い出すよう指示しておきました。川筋にもいるということなので、それら怪しい旅人を追い出し、ついでに村々の様子をあらまし見ます。特に蕨生、奥の川の様子をよく見て帰ります。

（後略）

文化八年（一八一一）の豊後の国の百姓一揆では、「吝嗇ちよむがり」に良く似たチョンガリが語られている（「百姓騒動見聞記」）。チョンガリが一揆の際に語れたことは断じてよいであろう。

真の指導部はあったのか

全領に二十四名の指導部があったという伝承は井谷正命の創作である。一揆に立った後は世話役が、代表として行動している。世話役は一揆の首謀者ではないとされ、多くが放免されている。

鈴木作之進は、全領が示し合わせて立ったのではないのに、宇和島藩は吉田藩百姓一統が願い出たかのように大げさにとらえていると憤る。

一揆を企んだのは、紙方仕法で苦しんだ山奥で、自分に任せてくれたら、穏便に解決できた程度であったのにと情けなく思うのであった。彼の目には、山奥以外の村々は、引きずられただけと写っていた。それにしては、はるか遠い飛び地の浦々が直ちに宮野下に向かったのはなぜであろう。数日の間に、全村が集まるというのはなぜか、それは鈴木作之進にもわからなかったのである。

結局、全ての村がたちまちに集まったのは、裏で宇和島藩が画策していたからであるという理由に落ち着いた。しかし、これは負け惜しみ的な感情論である。

実際には、チョンガリなどでの事前の意識づくりがあったはずである。一統で訴えようという意識を植え付けたのは誰であろうか。こういう陰の者たちの存在もうかがえるのである。

このような伝承もある。戸岐御前山で一揆の決断をした日、のろしを山上で焚いた。それを見た村々が直ちにのろしを上げて、次ぎに伝え、たちまち全領に伝わった。

一揆が立った日、山奥百姓は、是非とも宮野下へ行かねばならないと和尚に答えている。宮野下で、三間が待っているということを共通認識として持っているのである。

重要な文書である一の五六号、五七号文書をもう一度振り返ろう。川筋一統と三間一統が、山奥一統に一揆を催促する文書である。

山奥一統に対して、川筋一統や三間一統が、一揆の催促状を出したが、これは、藤六や幾之助らが一統の名で出したものでなく、百姓の合意の元に出されたはずである。

山奥一統は、その求めに応じて、土佐へ出ることを止めて、宮野下を目指したのである。

山奥一統は、初期の段階では、奥の川から吉野へ出て、川筋を誘って、土佐領江川へ逃散するつもりであったと推定される。これは、吉野の隣の宇和島藩松丸へ移動して、宇和島藩代官所へ訴える策にも変更できる。大きな痛手を被らず、しかも、紙方仕法を廃止してもらえる堅実な策であった。

一方、広い範囲で、法花津屋を懲らしめよとチョンガリが語られていたはずである。年貢の不正により、全領が苦しんでいた。

山奥一統は、川筋、三間一統の願いに応じて、より大きな全藩一揆に参加することを決断した。川筋、三間一統は、「山奥勢が村の入り口でたいまつをかざして、出なければ火をかけるとおどすものですから…」と言い訳はできている。山奥は山奥で「絶対に頭取を漏らすまい」と誓い合って立ったはずである。

山奥一統は予期せぬ出来事で近永で足を止めた。三間や八幡河原から誘いが来るのに対して、山奥一統は迷いに迷った。三間残勢は昼になって動き出した。なぜ、山奥は躊躇するのであろうか。それは事前に充分意思疎通ができていなかったからである。

また、八幡河原では、しきる者が出なかった。山奥一統が自分らの願いをかなえて帰ってしまいそうになるのである。この事実から見ると全領に渡る指導部はなく、山奥一統の賢明な行動で収拾がついたと言える。

一揆に立ってからは、一統単位、村単位で行動したのである。そして三つの一統が八幡河原で、この事態の解決を会談したことはないようである。全体にまたがる指導部は無かったと思われる。

宇和島藩手引き説を検証する

吉田町長清家吉次郎氏は、昭和三年、吉田新報に「忠臣安藤儀太夫と乱民武左衛門」という一文を載せた。前年、盛大に武左衛門の建碑式を行った井谷正吉氏に対抗する目的があったと思われる。自分の先祖は十八歳で一揆に参加し、八十六ヶ村第一の能弁と称せられた。一揆後、役人家督を一時没収されたが、実は、一揆成功のあかつきに、久保野の庄屋を授けるという宇和島藩との密約があったのであると書いている。

他に、宇和島藩家老が吉田へ出向き、朱印状を取り上げようとしたが中老の郷六が断固として拒否したとの伝承もある。これは、「吉田御分百姓中騒動聞書」にもあり、当時からささやかれていた。武左衛門・鉄五郎宅の捜索の結果、宇和島藩から来たと思われる書状が発見された（四の二十三号文書）。しかし、詳しい内容は不明である。

このことについて結論を出したい。一揆後しばらくした三月十三日に宇和島藩にお触れが出た。百姓が集まった伊吹八幡神社の社記にそれが書かれている。

　この一揆について虚実入り交じった様々な風説が飛び交っている。この一揆は宇和島藩同様の事という裁決で落着をした。以後、政治の善悪を論じたり批判を決して語ってはならない。

一揆直後でさえ虚実がわからなかった風説を二百年後に議論しても真偽はわかるはずはない。鈴木作之進は、宇和島藩役人が手引きしたという風説に一切ふれていない。鈴木作之進が無視するのだから、流言以上のものでないことを意味する。新史料から手引きをしたと思われる動きはいっさいみられなかった。宇和島藩手引き説は、当時の流言であったのである。

全ての功績を武左衛門へ集約

一揆は農民側の完勝に終わった。その理由を吉田家中は宇和島藩が手引きしたとか、温情をかけたからだとした。しかし真実は、農民側がなしとげた一揆である。農民側からすると、自分たちを勝利に導いてくれた英雄が必要である。それが、三年間全領をまわった武左衛門である。

新史料からは、武左衛門がチョンガリを語って歩いたという証拠は無かった。しかし、史実として、嘉兵衛こと武左衛門は、鈴木作之進も「根深く、非あるとも言えず」と評さざるを得なかった人物である。また、農民側がまとまれず、一揆が長引き、宇和島藩としても、体面を失いかけたときに、解決をしてくれたのは武左衛門である。

山奥のひときわ優れた指導者武左衛門を伝説化することに、ためらうことはないであろう。

筆者は、新史料の検証の結果、これまでの武左衛門の物語を否定することまではできないと結論づけた。

新史料の限界と今後の研究視点

我々は、新旧史料から見えない部分があることを知らなければならない。

山奥に一揆の気配が感ぜられなく、平穏であるから、役人たちは引き上げた。それを見て一揆が立ったわけである。「毛利氏歴要紀略」（吉田藩目黒村）によると、山奥十ケ村が、それぞれの社や寺院に集合して日夜、出訴の相談をしたことが書かれている。「屛風下張文書」も「毛利氏歴要紀略」も当日の記録であるが、藩側と村々にいる庄屋とは見えたものが違っているのである。

武左衛門が桁打ちをして村々を巡ったという明治時代の古老の伝承は、農民側が伝えてきた一揆であろう。施餓鬼の念仏の中に武左衛門の供養を入れたり、盆踊りの最後に、鍬や何も書かないむしろ旗をもって、帰村音頭を踊ったという。また、武左衛門の墓には、お参りする人が絶えず、ついに役人が墓を壊し、再び作ることを禁じたという。

このように農民が伝えてきたもう一つの物語があったことであろう。

役人が目撃した一揆の姿とは違うものがあったはずである。今後の研究においても新史料から見えない部分を常に念頭に置かねばならない。

一揆の参考文献や史料保存場所

「伊予簾」「伊達秘録」「吉田騒動記」「不思議話取寄草」「屛風秘録」「庫外禁止録」「安藤忠死録」「武左衛門翁伝」「吝嗇ちよむがり」「松浦洋一自作資料」などの史料は、コピーが大半であるが、武左衛門一揆記念館に一括収集されている。

吉田町立図書館には、「伊予簾」（写本）、「安藤忠死録」（城井正心）、「安藤忠死録」（甲斐順宜）、「改訂　武左衛門及び同志者」（楠本長一）。「安藤騒動記」（吉田騒動記の冒頭が欠如していたため、安藤騒動記と仮題が付けられた）、断片史料集を所蔵する。両所をたずねれば一揆関係の史料・書籍はほとんどあるといえよう。

一揆に関する書籍、研究は多数あるが、重要なものについてあげておく。

『南予の百姓一揆』（昭和四十年　松浦泰）
『伊予農民騒動史話』（昭和五十六年　景浦勉）
「武左衛門一揆を探る」（松浦洋一）『あいり7号』（平成三年）より同25号（平成五年）
『義農武左衛門物語』（平成元年　日吉村商工会）
『日吉村史』（昭和四十三年、平成五年）
『吉田町史』（昭和四十六年）
『歴史と教育　特集伊予国吉田藩百姓武左衛門一揆』（平成五年　愛媛県歴史教育者協議会）
『屏風秘録』（平成六年　清家金治郎）
『続屏風秘録』（平成七年　清家金治郎）
『庫外禁止録　井谷本』（平成七年　上田吉春　松浦洋一　日吉村教育委員会）
『屏風秘録にみる伊予吉田藩百姓一揆』（平成八年　清家金治郎）
『武左衛門一揆講釈』（平成十年　白方勝）
『武左衛門一揆考』（平成十二年　白方勝）

※一揆顕彰の歴史については、その第一の功労者故上田吉春氏が多くの資料を保管されている。

武左右衛門一揆関係地図

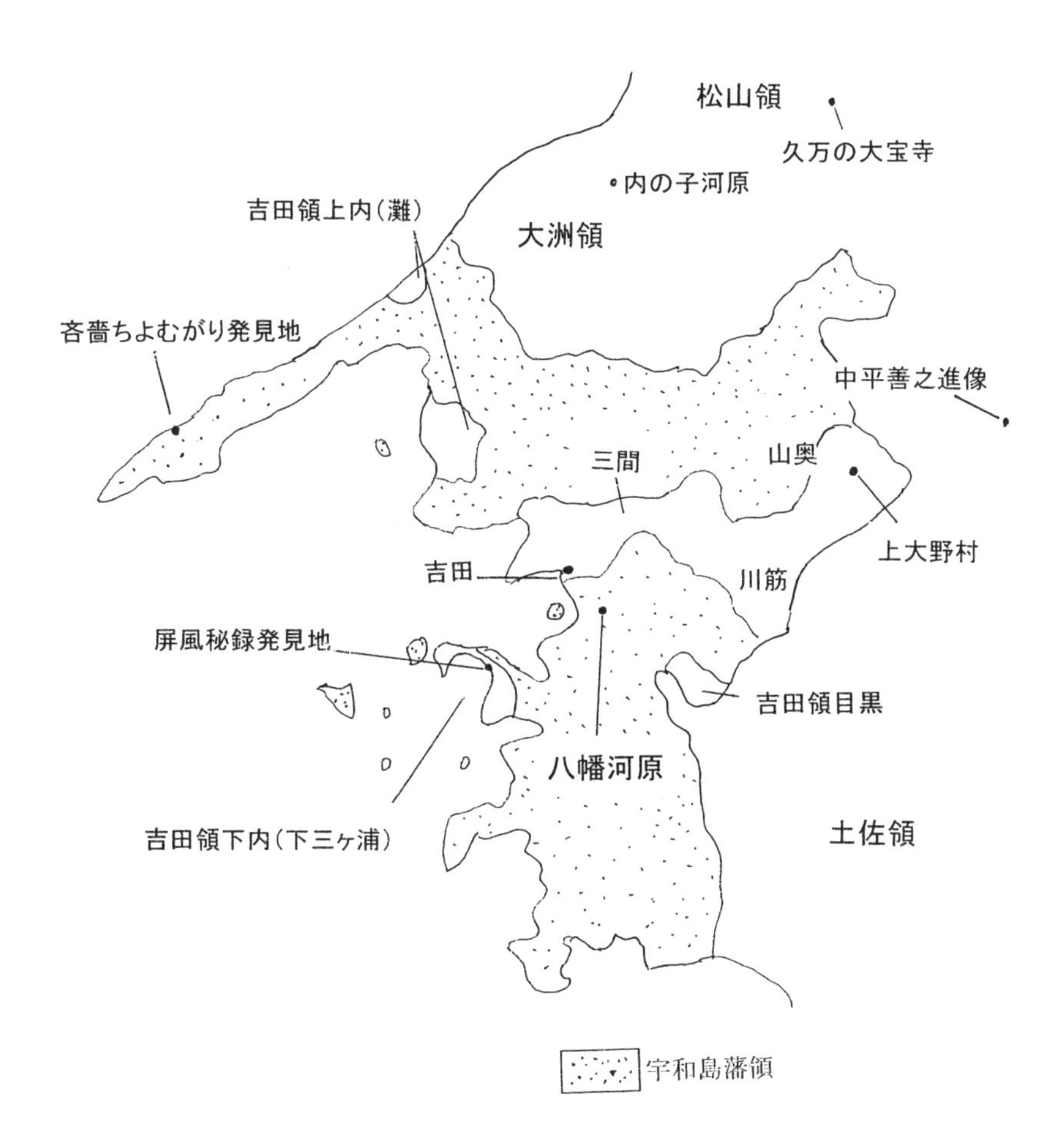

一揆関係地図

近永・奈良・松丸・下大野は宇和島藩領

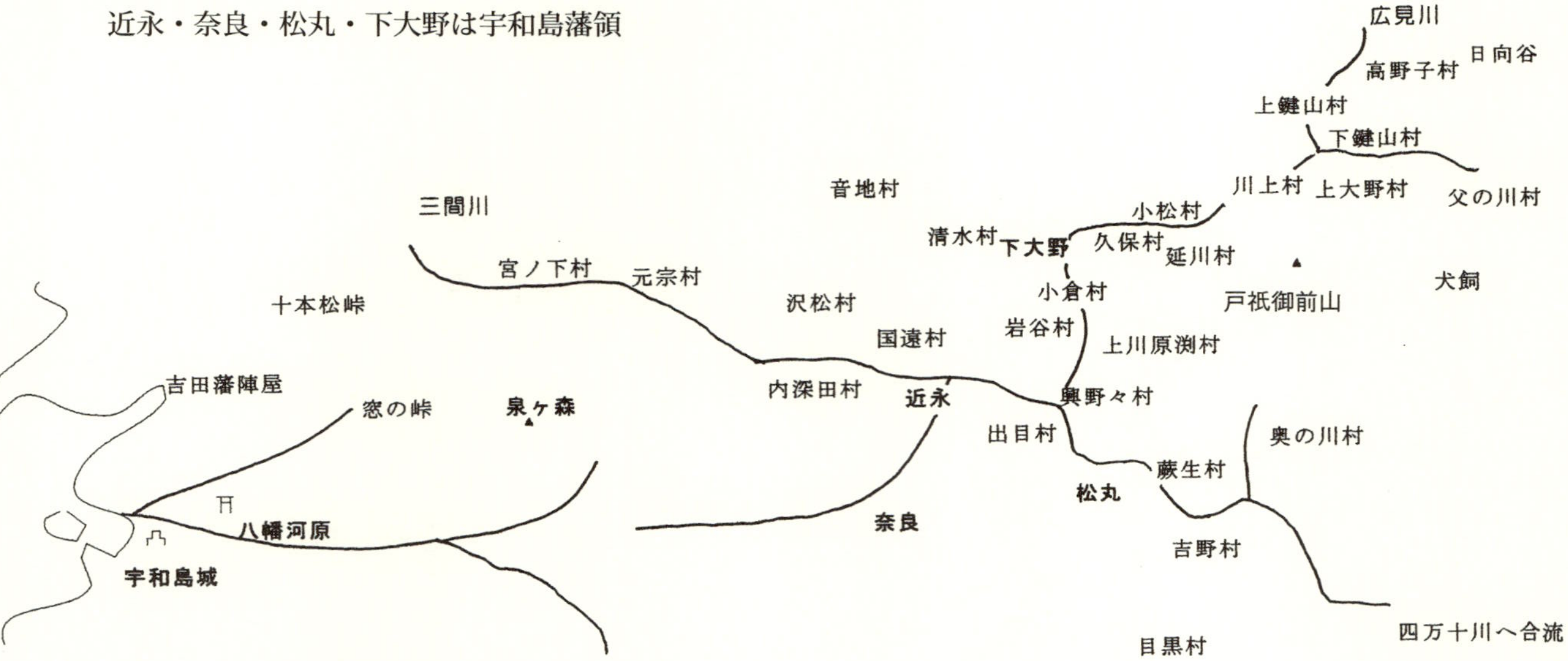

○近永村へ集合した一揆勢は奈良を通った。
○宮ノ下へ集合した一揆勢は窓の峠を通った。
○吉田からは十本松峠を越えて三間へ入る。
○三間川をはさんで陽路、陰路と二つの道がある。

○久保村から上流の十か村を山奥組み。さらに口組みと奥組と別れる。
○小倉村から下流の九か村を川筋。
○国遠村から上流に三間三十数か村があるが多数のため略した。

一揆勢進路

山奥立つの報を受けた近永周辺は、山奥勢を待たず、陽路・陰路の二つの道を走り、宮ノ下へ集合した。そして十本松峠を通って吉田方面を呼び出した。さらに一部の者が八幡河原へ出て、宮ノ下勢、近永勢を呼び寄せた。

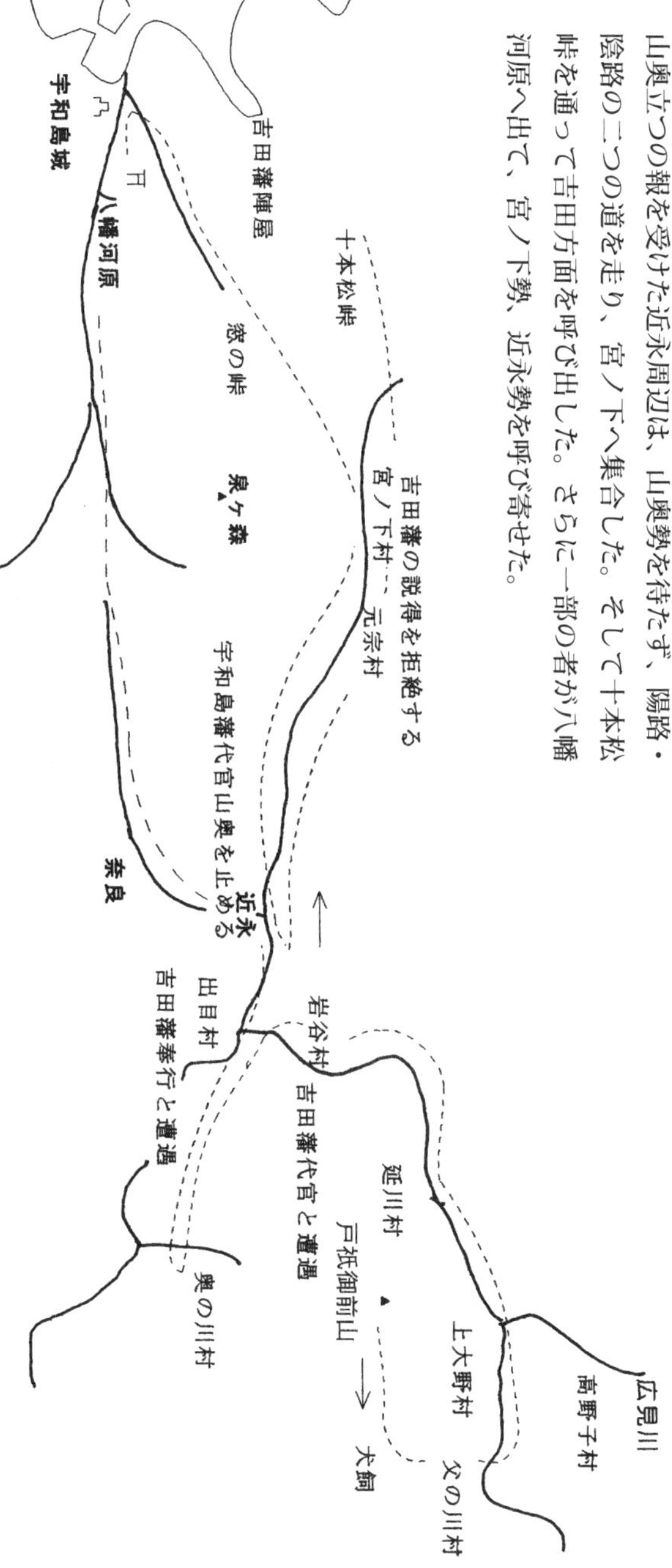

戸岐御前山を発った山奥勢は、父の川を経て広見川を下り、奥の川方面を集め、出目、近永と進出した。近永で願書を提出して、奈良を通って八幡河原へ出た。山奥、川筋合わせて17村である。

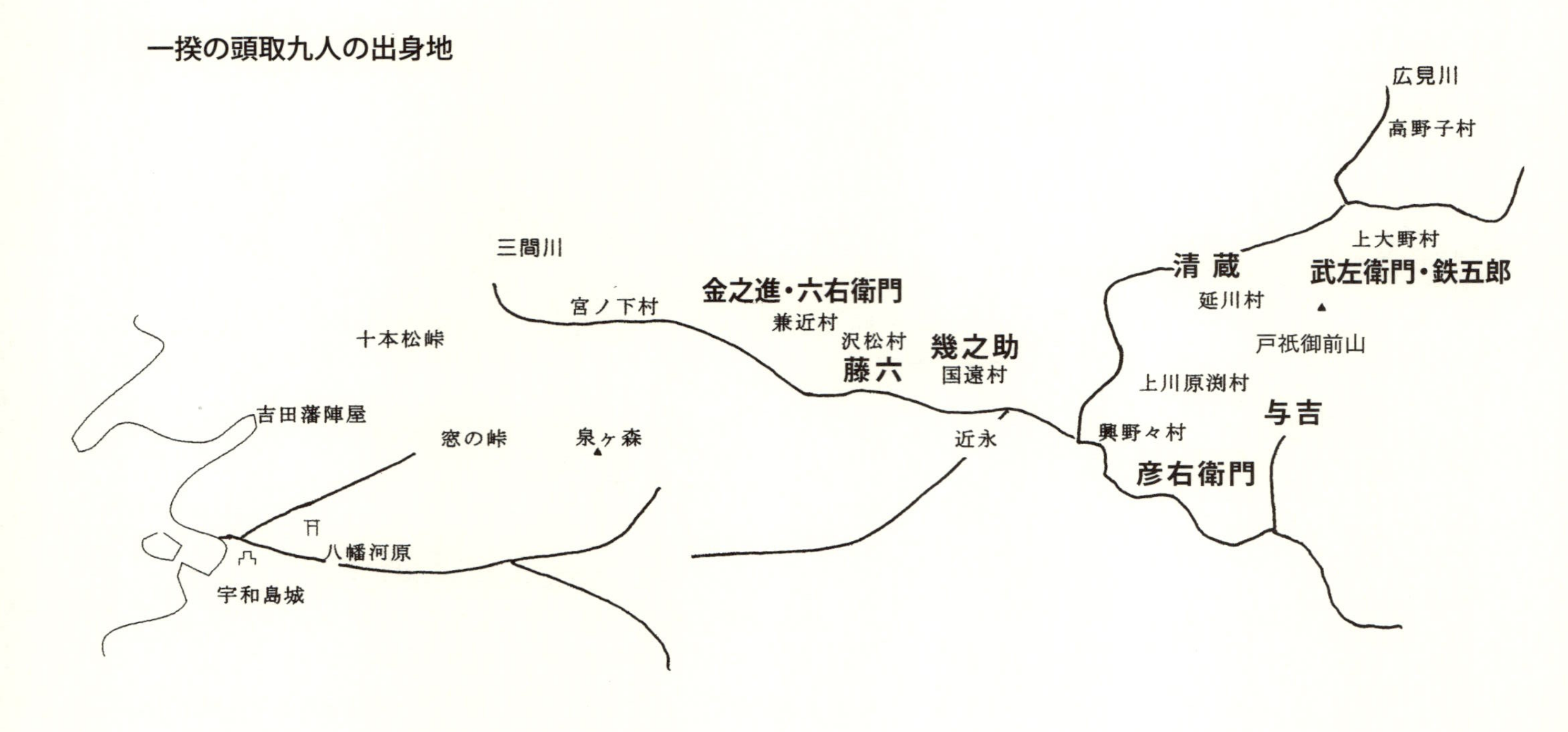

一揆の頭取九人の出身地

第三章　吉田藩の過酷な紙専売制度

一　吉田藩の紙生産破綻する

四国西南諸藩の紙一揆

江戸時代前期、大坂に入荷する紙は西中国諸藩産が大半を占めていた。十八世紀後半から和紙需要が高まるにつれて、西日本の各地からも競って大坂市場に出荷されだした。

「諸国物産の業、漸々に開け、紙を漉き出すことも盛になりて、明和・安永の頃より皆競て、精をつくし、大坂及び江戸に紙を出すこと夥し」と佐藤信淵は『経済要録』に書いている。財政不足を補うために、諸藩は特産物を専売制度にした。対象物産は、米、塩、綿、木蝋、紙等で、紙は一番多く、西日本で二十余藩に及んでいる。

萩、岩国、津和野、浜田藩では、請紙制度という過酷な制度がとられた。それがため、近世初期では、周防、長門の二国の紙が大阪市場で六割を占めた。生産力が限界にきた後、四国、九州が産地として台頭してくるのである。

四国西南諸藩では、藩による厳しい収奪制度を作っては、一揆を誘発し、農民の生活をぎりぎり保障する程度の制度に落ち着いていった。

一揆の原因は共通している。

まず、藩の紙の強制買い上げ量の価格安と量の過大である。全量買い上げの場合、専売制度となる。紙生産を民業として藩が介入しない場合、独占商人による価格安が問題となる。この場合、藩が運上(税)を徴収するから、ますます価格安に拍車がかかる。四国西南諸藩は、この二つの課題を解決するためいろいろな制度を作っていく。


まず、寛保元年（一七四一年）、松山藩久万山の農民二千八百余名が大洲領へ逃散した。願いの中には紙についてもあった。藩の強制買い上げ量が過大で漉ききれないということである。これは、土佐の御蔵紙に相当しよう。この藩の強制買い上げ量の価格安は常に問題となる。一揆は、久万大宝寺の住職の仲裁により解決し、首謀者は処罰されなかった。

次に、寛延三年（一七五〇年）、今度は大洲藩の農民一万八千人が、商人たちを打ちこわしながら、新谷藩の内の子川原へ逃散した。紙方仲買連中（大洲藩の紙商人たち）が紙を安値で買いたたくこと、大洲藩が御用紙の名目で安く買い上げることが原因であった。仲買連中は解散させられ、首謀者は処罰されなかった。

次に天明七年（一七八七年）、土佐藩池川の農民七百余名が、松山藩久万山に逃散した。そして、「寛保の先例」を頼って大宝寺にこもった。原因は、土佐藩の国産方仕法による紙の買いたたきであった。大宝寺が仲裁し、首謀者は処罰しないことを約束された。土佐藩は国産方仕法の全面廃止を行った。

寛政四年（一七九三年）吉田藩は、土佐藩の国産方仕法をまねて専売制度を実施した。翌五年、吉田藩農民七千余名は、宇和島領へ逃散した。そして、仕法の廃止と頭取吟味の容赦を約束させた。

このように四国西南諸藩の農民は、再生産不能に追いつめられると、隣藩に逃散するという戦術をとって、藩政改革を勝ち取っていった。

その結果、民利はなんとか保障されることになった。紙業は発展し、土佐紙は、天保・弘化年間に、製紙高十八万丸、価格約十八万両と大坂市場を席巻した（『日本の紙』三一一頁）。大洲半紙は、「その勢い天下に独歩す」と言われるほどの名声を得た。また、宇和島藩は自領に古くから伝わる泉貨紙の品質を高め、市場で評価された。泉貨紙の名は今もなお和紙の世界に有名である。

（注）泉貨紙は仙貨紙と表記されることが多い。また、江戸時代は仙過紙の表記もある。宇和島藩産を意識した場合、泉貨紙と表記され、正式名称とされる傾向にあるが、宇和島藩は、泉貨、仙貨のいずれも使用している。いずれが正しいということなはい。

楮元銀二八五貫、法花津屋貸し倒れとなる

武左衛門一揆の原因は、御用商人法花津屋が藩に取り入り、紙専売制を実施させ暴利をむさぼったことにあると言われてきた。しかし、新史料から明らかになった事実は逆である。村々に楮元銀として二八五貫の貸し倒れがあり、倒産寸前であったのである。この金額のほとんどが藩から、法花津屋に運用を任されたものであった。行き詰まった法花津屋の紙業を立て直すために専売制度が実施されるので

ある。

さて、紙生産は百姓が自力で盛んにできるものではない。商人か藩の資本投下によって始まる。まず、楮の苗木購入資金を貸与して領内に楮皮が大量生産されるようにする。次に、紙漉百姓に紙漉き道具購入資金などを貸与する。

製紙は分業体制となる。楮を育て楮皮にして出荷する村と紙を漉く村に分かれる。宇和島・吉田藩では前者を「楮山」、後者を「漉山」と呼んだ。

法花津屋（三引）の建物を修復し、国安の郷に移築した。この建物は幕末の建築で、一揆当時のものではない。

四国西南諸藩では、商人が楮元銀を投資して、紙産業を育成することが多かったようである。藩は口銀を徴収して利益を得た。そのため商人に独占権を持たせ高利益を得させた。

また、紙が財源として有力とわかると、藩の特産品として高品質の紙を市場に出そうともした。藩が生産流通を徹底管理したのが専売制度である。

商人の独占商売も、藩の専売制も、いずれも生産者は圧迫される。買いたたきがひどくなると、一揆が発生し、最低限の民利が保障された。宇和島藩、大洲藩は最終的に専売制度を取ることよって安定し、吉田藩と土佐藩は専売制度を放棄したことで落ち着いていったといえる。

さて、紙生産を実際に始めるには、楮元銀が必要になる。まず、紙漉百姓の原料購入費として前貸しされる資金である。紙漉百姓は、楮元銀を貸与した商人に紙を納入し、その代金から、楮元銀を差し引かれて代金を渡される。この時、楮元銀に利子がつけられる。

また、楮元銀は、百姓からの買い上げ価格、そのものを意味する場合もあった。

紙産業で利益をあげようとすると、それに見合う巨額な楮元銀を領内に投資していかなければならない。財政難の藩にそのゆとりはない。どうやって楮元銀を用意していったかみてみよう。

楮元銀はどう用意したか

頻発する天災による減収と相次ぐ幕府お手伝いのための出費の中、どのようにして吉田藩は楮元金を用意したのであろうか。大坂商人から紙を送ることを条件に借りたのである。

藩と大坂商人の関係を、まず、日向国飫肥藩（五万八千石）と大坂商人油屋善兵衛の例からみよう。大坂の大商人油屋善兵衛は、寛政年代飫肥（おび）藩の紙商売の蔵元であった。その後、天保四年以降には吉田藩の蔵元を引き受けたと推定される。この商法は当時の一般的な方法であった。以下は、「飫肥藩の紙専売と大坂資本」からその概要を述べる。

飫肥藩は、以前から油屋を蔵元として紙商売を続けている。蔵元とは、大坂蔵屋敷へ国元から送ってくる荷を引き受けて販売する商人である。蔵元は、紙荷を紙問屋たちに入札で販売する。入札に参加するのは、組（問屋の同業組合）単位である。飫肥藩には、四組が参加し、問屋数（商人数）にすると百あまりとなる。問屋は一軒で営業するのでなく、組を結成して連帯責任をとるようにしているのである。また、個々の問屋は、くじ（株）を持っており、くじ数に応じて紙を買うことができた。蔵元に対する代金の支払いは六十日以内である。入札に参加する組は必ず支払う旨の一札を入れる。個々の問屋が払えなければ、組が支払った。

このような紙の販売の仕組みが生まれたのは、明和・安永年間で、やがて、大坂における紙の組は二十四組となった（『日本の紙』三百六頁）。これを「蔵紙」と呼ぶのである。

一方、この仕組みをとらないで、個々の大坂商人が独自に現地商人から仕入れるのを「脇紙」と呼ぶ。脇紙は藩の統制を経ていないので品質が劣った。しかし大坂商人の利益は脇紙の方が多く、やがて蔵紙より多くなった。

飫肥藩は、油屋から楮元銀を送ってもらっていた。しかし、油屋への借金がつもり、返済が終わる見込みがなかった。寛政十二年、飫肥藩は紙増産の新計画を立案し、油屋に莫大な融資を求めて許可を得た。飫肥藩は、領内に多量の楮を植えた。この苗は、油屋が買い求め船で運んだ。

毎年、六月に紙の出来高を見積もり大坂の油屋に通達し、七月から順次、大坂蔵屋敷に荷を送った。紙荷は油屋が蔵元となり、入札で紙問屋へ販売した。また、六月までに必ず五百丸の紙を送ることも約した。この五百丸の代銀は、油屋への返済を十五貫、藩の収入を二十三貫余りと決めた。十五貫は、融資に対するその年の利息分に相当すると思われる。融資の元利の返済は、七月以降の荷の販売代金からなされていくことになる。

この増産計画はある程度は成功し、三千丸が生産されるようになった。しかし、当初の見込みを下回り、油屋への返済はうまくいかず、文化四年には、元利の未返済が三百五十貫となってしまった。そこで、返済を据え置いてもらって立て直しをはかった。しかし、うまくいかない。

文化十三年、飫肥藩は再び大増産計画を油屋に持ちかけてきた。油屋は渋った。しかし、これまで投資してきた金を回収するため、しかたなく五年間で千五百貫を再融資することを決めた。こうして、油屋はずるずると飫肥藩に引き込まれてしまったのである。以後、投入した資金が回収されたかどうかはわからない。

さて、大洲藩は、宝暦七年（一七五八）に、数軒の大坂商人に蔵元となってもらい、資金を送ってもらった。最初の年から契約量を送れないため、翌八年から専売制度による統制を始めた。宝暦十二年には、蔵元は三軒で、七十貫を蔵元から借用した。この七十貫の利息を毎年五月一日と九月一日に納めることを約束した。この利息は元利返済がすむまで続けることを確認した。そして、大洲領の紙は残らず三人に送り、元利七十貫もいずれは必ず返済するむねも誓約した（『伊予史談二二八・二百三十号』大洲和紙の流れ一、二）。

なお、入札には西（町）組も参加した。その誓約書がある（『大坂紙業沿革史』上巻六四頁）。

宇和島藩は、宝暦九年に、蔵紙を始めたが、うまくいかなくなったらしく天明元年に中断した。文政七年、再び蔵紙に移行し、大坂商人鎌屋と平野屋が蔵元になっている。入札の組は、東町組、西町組、塩町組である。三組は、合わせると六十近い紙問屋である（『大坂紙業沿革史』上巻四二頁）。

紙業で得る利益

紙からどれくらいの利益が出たか。商人、藩、百姓とそれぞれについてみてみよう。

寛政三年の岩国藩の例からみる。

半紙一丸の元銀は五十匁である。これが、半紙一丸を得るために地元に投入した金額となる。また、百姓が得る代金と考えて良い。蔵屋敷で入札させる時は、これに五割の金額を加えて七十五匁から始まる。この二十五匁が藩の諸経費を差し引いて利益が出る限度であったのであろう。七十五匁を下回ると、品質不良として百姓から弁済させた。寛政三年頃は、紙価はとてもよくて、入札価格は百五十匁前後になった（「江戸時代の和紙の発展と藩経済」『日本経済史研究』所収）。また、この紙価が良い景気を背景として吉田藩が専売制度に走ったともいえる。

大坂商人の場合をみよう。

天明二年二月、大坂紙問屋紙屋新介の紙取引の西町奉行所への報告が残っている。

彼は、明徳半紙（宇和島産半紙）を六丸（一丸は一万二千枚）を一丸につき九〇匁三分二厘で購入し、江戸商人へ、一丸につき九一匁六分五厘で販売し、利益一匁三分三厘を得た。普通、一丸の売買につき、三、四匁の利益があったという（『脇紙と蔵紙』）。

土佐藩百姓の場合をみよう。

天明四年から寛政元年の七年間の紙漉き収支が残っている。土佐藩百姓植田家の記録である（『高知県史近世編』）。

紙漉き諸道具購入費　約百六十匁
天明四年の原料代　七十六匁
七年間の年平均利益　五十五匁

寛政元年の米一俵の価格が四十三匁（宇和島市三浦田中家文書）であり、利益は米にして一石弱という少なさである。

吉田藩の蔵元はだれか

それでは吉田藩をみてみよう。享和元年（一八〇一年）改訂の「難波丸綱目」からみる。

蔵元は伝法屋五佐衛門である。同商人は、宝暦十二年、大洲藩の蔵元になっており、享和元年では、宇和島藩の脇紙（現地との直接取引）の問屋も営業していた。

吉田藩の脇紙は、吉田仙過杉原問屋として、平野屋太兵衛、源屋喜右衛門があげられている。つまり、この二軒は、吉田領の紙商人から直接、仙貨紙と杉原紙（注）を買い入れるのである。

吉田藩は、大坂商人から借りた資金を法花津屋に運用させ、脇紙での商売を主にしていたようである。藩が借りると、商人同士より利息が安くなるので、法花津屋は有利なはずであった（「庫外禁止録」十九頁）。

「こうやってわざわざお上が民間に資金を融通してやっているのは、少しでも大坂へ上がる紙が多くなり、上下とも豊かになるようにという配慮であるのに、百姓と商人が利をむさぼり合って紙を隠したり抜け荷をするのは論外である」と鈴木作之進は批判する。

大坂商人との商売はまず、先に資金を貸してもらうことから始まる。先の大洲藩では、利息払いは年二回であったが、寛政年間にはいると、法花津屋は年四回払わなければならなくなった。しかも利率まで上がった。元金を確実に返済していかないとまたたくまに大借金となるのである。投入した資金が二八五貫も未回収では商売は成り立たない。

吉田藩では、紙漉百姓が法花津屋の安値を嫌い、他領への抜け荷が相当あるとみた。法花津屋の紙買いが、わざわざ宇和島商人になりすまして、抜け買い（正規より高値）をして紙を集めるという珍事までおこった。紙の奪い合いとなっているのである。そこで、藩権力の紙生産流通を統制することにしたのである。

寛政二年、吉田藩では紙生産を一挙に立て直すために、伝法屋あるいは他の商人に蔵元になってもらい、資金を借り蔵紙を大規模に行うことになったと考えられる。この時、大坂の紙価は良く、うまくいくはずであった。吉田藩の契約内容はまだ未発見である。

楮元銀は、寛政二年が百三十六貫である。吉田藩が用意したのは百二十貫を超え、残りは法花津屋が出した。仙貨紙が二千四十一丸漉き上がってきて大坂へ輸送するはずであった。ところがうまくいかないので、藩自らが役所を設けて寛政四年から専売制度（藩営産業）をとることにしたのである。これは、宝暦年間に大洲藩と宇和島藩がとった方法と同じであるが、制度を変えても民利への配慮は相変わらず無かったために失敗するのである。次に、農民が民利を勝ち取った土佐藩と制度を次々に変えて民利を確保していった宇和島藩の紙業政策を見ていきたい。

（注）杉原紙は広く用いられた紙であり全国で漉かれた。原産地は、兵庫県の杉原である。米糊を混ぜて色を白くするのに特徴がある。

二　民利に配慮した周辺諸藩

土佐藩国産方仕法を放棄す

概要

土佐藩の紙専売制度は、家中からも改善の上書が提出されるほど過酷であった。しかし、財政難の土佐藩は専売制度の利益を捨てきれず、わずかな改善をしては延命をはかってきた。百姓たちは、よりよい値で買ってくれる伊予商人への販売を望んだ。実施して二十数年後、ついに池川紙一揆（天明七年）を招き、仕法の全面廃止、伊予国への紙の自由販売を認め、百姓に処罰者なしという英断を下し、天明の藩政改革に着手した。

こうして土佐と伊予とは一つの経済圏を築き始めるのである。法花津屋は、仙貨紙を集荷するために幡多郡で楮元銀を投資するようになった。

土佐藩が専売制度を止めた後、それをまねて吉田藩が実施したのである。郡奉行所さえも、これではおさまらないと家老に訴えるほどであった。土佐農民が二十数年もかかって撤回させた国産方仕法をここで受け入れるわけにはいかないのである。それでは、土佐藩の紙業の変遷をみていこう。

御用紙制度

山内氏入国早々、土佐郡成山と吾川郡伊野の両村に御用紙漉き人を指定した。ここでは、藩用や献上用の高級紙が漉かれた。有名なものに七色紙がある。大洲藩でも、岡崎で行われた。宇和島藩は伝わっていないが、一八七三年のウィーン万博に、丸穂村の滝三郎の奉書紙が出品されているので城下に御用紙を漉くところがあったと思われる。

村々が漉くのは、半紙、仙貨、杉原などの日常に使う紙である。

野中兼山の仕法

十七世紀中葉。仕入れ銀（楮元銀）の前貸しを行い、指定問屋を通じて藩が全てを買い上げる制度を行った。これは過酷であったため、兼山失脚後廃止された。

御蔵紙制度の成立

宝永六年（一七〇九）、高知城下の三商人が御国用紙取り扱いの特権を得て、仕入れ銀貸し付けと強制買い上げを行った。これは大成功であった。それを見た藩は、正徳四年（一七一四）この事業を取り上げて、紙方役所を設けた。これが御蔵紙制度である。だが、この制度は年月を経るにしたがって、仕入れ銀があまりにも低く、原料代にも足らないという状況になる。

国産方役所の設置

紙業は次第に広まり、藩の強制貸し付けと買い上げの御蔵紙以外にも紙が生産されてきた。その紙は、幡多郡など国境地帯では、伊予国の商人にも買い取られていたようである。財政窮乏に悩む土佐藩はこれに目をつけた。

宝暦二年（一七五二）国産方役所を設置した。そして国産方問屋を指定して全て買い上げることにしたのである。紙を筆頭に、ほとんどの産物が買い上げ対象となった。

買い上げの際に、口銀と呼ばれる税金が徴収された。これが藩の収入となる。また、国産方問屋は独占商売を行えるようになったので買いたたきを行った。百姓の生産意欲は衰え、生活難が続いた。よりよい値を求めて、抜け荷が相次いだが、厳しく取り締まられた。この抜け荷の先は伊予側であったと想像される。

中平善之進像

幡多郡は、同三年から仕法が実施され、四万十川河口に近い井沢村に国産改所が設けられた。この時点では、産物はすべて四万十川を下り、中村へ集荷するようになっている。

宝暦五年、高岡郡津野山で不満が高まった。国産問屋蔵屋が不当に安く買いたたくためである。一揆の気配を感じた藩は直ちに弾圧した。檮原村庄屋中平善之進が百姓を代表して蔵屋の非を訴えたが斬首された。蔵屋は自殺した。この制度はあまりに百姓の生活を圧迫するため、改善を求める上書も提出されるほどであった。善之進の死は無駄とならなかった。

平紙の成立

宝暦九年、世論に押されて、国産方仕法が手直しされた。御蔵紙として買い上げる量を定量化し、残った紙（これを平紙という）は、自由に売ることができるようになった。

幡多郡では、中村に四軒の平紙問屋が指定され、紙を買い入れることになった。百姓が問屋に持ち込んでも良いし、四軒の店の者が「買い子」として村々へ来ることもあった。ただし、口銀が免除されたわけでない。その都度徴収された。しかし、四軒あれば多少は、買い手側の競争があり有利になる。ほんのわずかな手直しであるが、これが次の手がかりとなった。この時、国境を越えての伊予への持ち出しは禁止されている。

一、右之通船積他国売ハ、津口改被仰付候得共、陸地御境目出之儀ハ古来之通被指留候間心得違之者、若御境目椋出し候時ハ、厳罰被仰付候間、無油断可相守事

（『憲章簿』）

別条にて再度、抜け荷を禁じている。また、紙買い付け商人が村々へ出入りして、無益な品物で買い取ったり、村人と共謀して伊予側へ抜け荷するのを禁じている。よほどの量があったのであろう。

国産方仕法の一時廃止

宝暦十三年（一七六三）、批判が相次ぎ農村も荒廃したため、ついに国産方仕法を廃止した。国産問屋を廃し、自由売買とし、口銀も廃止された。御蔵紙制度は残ったので、御蔵紙以外は全て平紙となり、自由売買となったのである。この時、物産買い入れのため、出入りしたい他国商人は、願い出たら詮議の上で許すとした。ただし、他国移出の際は、境目で口銀を徴収するとした。

「幡多郡御境目出諸産物御口銀定帳」により、税額が公示された。品目は七十八に及び、最初に上げられているのが仙過紙である。一束につき口銀は、八分七厘とされた。これにより、伊予への産物移出は正式に認められたのである。

（注…仙過紙の表記は江戸時代にみられる）

国産方仕法の復活

明和三年（一七六六年）、わずか三年で国産方仕法が復活する。廃止したものの、口銀収入は伸びず、前年、幕府お手伝いを命ぜられて財政難は限界に達したことによる。

しかし、国産方仕法に、もはや農民商人ともに従わず、口銀を払わない抜け荷がたえなかった。

安永八年（一七七九年）、土佐藩は、国産方仕法を徹底しておこなうことに決意し、抜け荷改めとして不逞の輩を雇い、間道に張り付かせた。

平紙改問屋（国産方問屋に相当）は、中村の三商人に命じた。三商人の店の者が紙を買い取りにいく場合、庄屋が送り状を付け、紙に印判を入れるなど、抜け荷を防ぐ手段を徹底した。三商人が買い集めた紙は、他国売り（陸路出）、下田浦津口出（海路出）共に認められている。伊予への販売は認められ、伊予への販売路と諸産物改所が定められた。

上山、下山、諸産物御境目出
一　諸産物改所三カ所
　内
　壱ヶ所　十川村
　壱ヶ所　江川村
　壱ヶ所　中家地村
　　但西ヶ方問屋場改所ニ相立
大宮口　中家地口　西ヶ方口　権谷口　庭田口　戸川口
右六ヶ所より他国売被差免之、右之外口ハ往来被指留之

（『憲章簿』）

十川村は、日吉・鹿野川経由大洲行き、江川村は、奥野川経由吉野生行き、中家地は、松丸行きの物産集積所であったのであろう。土佐藩にとって、周辺諸藩の商人が買い入れてくれることは利益になることであって、その際、確実に口銀を得ることをねらった。この物産路がこれより長い間栄えるのである。六カ所の口（番所）はいずれも吉田宇和島両藩へ通じる道である。大洲藩は年間五千丸も楮皮を土佐藩から購入したこともあったという。この国境の経済的解放により、伊予へ物産が流れたことは当時の記録があ

る。

馬詰日記に、「予州でも久万と吉田は繁昌の所で、扱う物産の半分は我が土佐国の物産であり、それによって成り立っている。このたびの一揆は、久万の町の者どもが、手助けをして呼び出したと下々では噂している」とある（『土佐藩経済誌研究』）。

さて、このたびの一揆とは、天明七年の池川逃散で、国産方仕法の放棄と天明の改革をもたらした画期的な事件である。

池川紙一揆と国産方仕法の全面廃止

『土佐藩農民一揆史考』『土佐藩経済史研究』などこの一揆の研究は多い。

明和三年幡多郡でおこなわれた仕法強化は、池川では明和五年におこなわれた。池川では、土地柄上、伊予商人も国産方問屋に指定された。この時は国産方問屋は複数指定されていたので、まだ救いはあった。この国産方仕法の取り締まりは、厳しいものであったと伝えられる。『池川町史』から一部を引用する。

天明改元より四か年の間、毎月入れ替わり改め役二人ずつ、昼夜をわけず駆け回りける。もとより百姓共諸産物の代金を、一厘でも高く売りたいと思うが、藪道をくぐらなければうまいことには出会えない。ある時は見つけられ荷を投げ捨てて逃げ帰り、ある時はとらえられて、罰金を出し、またある時は、藪道に隠れて待っている役人に追いかけられ、肝をつぶし逃げざまに木の根につまずいて額を打つやら、腰をうつやら、迷惑至極の有様である。辻堂の柱に落書あり。

打ちたたき　漉き絞ってあげた紙のばちかよ　頭たたかれ

さらに、天明の大ききんが追い打ちをかけ、疲弊は進行する。土佐だけでなく、伊予側も同様である。吉田藩の紙生産も農村荒廃につれ、どんどん落ちてきている。この時期の飢饉の状態は池川年代記に詳しい。少し引用する。

累年悪世にて地中（村々）には食物売買無し。殊に御国政事あらたまり、諸品残らず御口上げ（口銀を徴収される）…妻子も共に泣くばかり、何食手立ても無かりしと聞くさえ哀れふびんなり

天明五年、池川では、伊予商人を国産方問屋からはずし、京屋常助の一軒に絞った。京屋は猛烈な買いたたきを始めた。伊予商人は平紙一束を二匁三、四分で買ってくれていたが、京屋は、一匁五、六分の値しかつけなかった。

また年貢銀納に際して、銀一匁を銭百八文に換算して徴収し、（御蔵紙の）楮皮代を百姓に給付するときは銀一匁を銭九十文に換算するいう理不尽を行っていた。

現在の吉野（平成 14 年）

現在の松丸（平成 14 年）

池川は、貧しい山間部である。生活ができなくなった百姓たちは次々欠落をしていく。池川・用居で、三十九人欠落、三十一軒潰れとある。この時代、個人の借金ではなく、村民全体が借りているのである。村に残った百姓が、逃げた百姓の借金を肩代わりし、また、その分の紙生産を請け負わなければならなかった。もはやぎりぎりに追いつめられていた。この状況は寛政年間の吉田藩も同様である。

天明六年、幡多郡では百姓、商人共に困窮が極限に達したため、見かねた藩は、幡多郡に限り国産方仕法を緩めた。「幡多郡、郷、町共に積年の困窮につき」として、平紙の口銀は五ヶ年間の平均を定額とし、あとは自由売買とした。藩は、ここにいたっても口銀を放棄することはできなかった。

天明六年末頃から池川では不穏になった。天明七年正月に池川、用居、安居、狩山の三郷から、訴願書が提出された。伊予商人が貸与してくれる楮元銀は頼みの綱であり、復活を願ったが受け入れられなかった。

同年二月十七日、七百余名が松山藩へ逃散を決行した。そして、「松山藩の間人（もうど）百姓に召し抱えてほしい」と訴え出た。間人は、亡土とも書き、土地を持たない雇われ百姓を意味する。伊予の国では、無縁（土地に縁が無い）という。これは武左衛門一揆も同じであり、逃散の常套的な戦術である。続いて、「寛保の先例」をたよりに、伊予の国、久万の菅生山大宝寺へ移動し、一ヶ月以上粘った。大宝寺が農民の願いを聞き出し、松山藩と共に土佐藩と調停した結果、解決に至った。

土佐藩は、同年三月、英断を以て答えた。百姓の処罰はなし、国産問屋を廃し、自由売買を認めた。他国売り勝手次第、但し口銀は徴収するとした。しかし、六月には、思い切って平紙をはじめ多くの産物の口銀も免除した。土佐藩は藩主が急きょ帰国し、天明の改革を進めた。国産方仕法は、三十五年でようやく放棄された。これ以後、土佐は、民業として紙業が発展していくことになる。この後、国産方仕法は再び復活し、紆余曲折を経ていくことになるが、ともかくも和紙王国の出発点となったのである。

さて、土佐藩は約束を破り、一年八か月後、頭取二名が入牢させられている。

十九世紀に入ると、法花津屋が仙貨紙の仕入れに幡多郡に盛んに入り、幡多仙貨として、伊予側へ出荷されるようになった。これによって四万十川を下る紙荷が減り中村は衰微したという(『南路誌』)。

宇和島藩紙業政策を次々改善

宇和島藩の十八世紀の紙制度を研究するには史料が不足している。断片的な史料からみると、宇和島藩の紙制度は実情に応じて次々改善されていっているようである。

宝暦九年、蔵紙として領内の紙生産を再編成する。紙を全て藩が買い上げるようになったのである。この時、蔵元から引き受けるに当たっての注文があった。半紙はすでに「明徳半紙」の名で定評が確立しており、販売に問題はない。しかし、仙貨と杉原については粗造で売れない、品質の改良を要すというものであった。

以後、紙業発展のために貸し付け等を行っている。しかし、個々の百姓の農間余業であるため、紙質が一定しないという問題は解決せず、売れ方が悪いという課題が残ったままであった。これは文化年間に入って専売制度を確立してようやく解決する。

さて、天明元年、村々の嘆願により蔵紙が中止された(『愛媛県県史史料編近世下』五八三頁)。

川原淵組は城下の御用紙方（城下で奉書紙など高級紙を漉く）へ販売、野村組山奥組は、大洲領菅田への自由販売が認められた。同時に抜け売りを戒めているが、どういう行為が抜け売りにあたるかはわからない。これにより山奥野村河原淵の三組から定額の運上八貫が年々納められることになった（『宇和島吉田両藩誌』五百五頁）。

寛政三年にいたって、この定額を嘆願によって減額した。

こうしてみると、宇和島藩は、民利に配慮して紙制度を緩めていくのに、吉田藩は逆に紙専売制度で民利を奪う政策になっていくのがわかる。

三　吉田藩、紙専売制度に失敗する

年々衰退する紙生産

「庫外禁止録」により専売制度へ至る道筋をみていく。

鈴木作之進が記憶するところによると、古くは「受運上、勝手売り」であった。これは、定められた税金を納めた後は自由に売買をしてよいというものである。楮皮も郡奉行所に運上金を納めて自由に他領に売買していた。この方式が紙漉百姓にはもっとも有利になる。一揆直前の宇和島藩がこうであったと思われる。また、土佐藩では運上自体が廃止されていた。

その内「紙買い商人相極まり、その他の者へ売ること相成らず」という制度になった。宝暦年間には、二つの法花津屋（法花津屋は三引と叶という二軒がある）と五軒の商人、合わせて七軒が紙商売を行っており、これらの商人が「入山」してきた。入山とは、一村全体の紙商売の権利を得ることである。即ち、楮元銀を村に投入して、全ての生産した紙を引き取ることである。

この頃、百姓と商人の関係は「和順」であった。百姓は、吉田へ来たときに気軽に借金をし、返済もできた。百姓の生活にゆとりがあったのである。楮元銀も、原料費というかたちで渡されるのでなく、日常物資の購入代金や生活費もふくめた借金であった。返済が紙でなされるという性格のものであった。利子は二割である。

明和、天明年間に飢饉天災が相次ぎ、農村の生活は困窮した。すると、商人は百姓に対して優位に立ち、輿に乗って村々へやってきて、庄屋への挨拶も手代を遣わすという偉ぶった態度をとるようになった。だが、農村が困窮すると紙の生産高は減る。次々零落して安永年間に四軒に減少した。天明の大飢饉で村々は大困窮し、国元改めの時（寛政元年の巡見使来藩）には、両高月（法花津屋二軒）、大坂屋の三軒となった。その後すぐに、大坂屋も紙商売から引いた。「御村々困窮、紙の出来高減少、楮元銀返済滞る」という状況となった。

一方、藩財政も危機的状況であった。天災、陣屋町の火災、幕府お手伝いが相次ぎ、寛政元年には巡見使が来藩した。さらに、寛政三年には水害、吉田の陣屋町を百軒以上を焼く大火、同四年五月に大坂藩邸が類焼、同年秋には大水害で田畑が流された。この水害で、年貢を引き捨てしなかったことが、「吝嗇ちよむがり」に書かれている。また、武左衛門捕縛の川普請は、この水害の復旧作業も含まれていた。紙生産による財政立て直しは必須であったと言えよう。

蔵紙とするも失敗

寛政二年、両法花津屋は、楮元銀の未返済があり、もはやこれ以上紙商売は続けられないと嘆願した。大商人法花津屋とはいえ資金があるわけではない。藩からのお預け金や大坂商人からの借金で経営しているのである。法花津屋は、貸し付け帳面を提出し、村々の負担にならぬよう少しずつ取り立てていただきたいと申し開きをした。

これを、中見役鈴木作之進はおかしいと感じた。法花津屋が破綻寸前に傾いているとは聞いてないからである。村々を預かる郡奉行所にはなんの事情説明もない。

一方、百姓たちは唖然とした。法花津屋への借金が、藩から借りたお金にかわり、年貢に上乗せして返済させられることになったからである。

また、楮元銀がなければ村々は困る。この前貸し金は年貢の未返済を片づけたり生活費に充てたり必須の金である。「銀主を地旅いずれかにお申し付け下さい。なければお上が貸してください」と申し出た。「地」とは地元商人をさし、「旅」とは他領の商人をさす。土佐藩でも、伊予商人の出入りを歓迎したように、資金を投入してくれる者はありがたい存在なのである。

法花津屋は、倒産に至らぬうちに手を打ったとみるべきであろう。こう申し出れば、藩が紙産業再建に乗り出してくるのは明白であった。法花津屋には、お預け金で利益を上げてもらわねばならない。また、お預け金自体も返済してもらわねばならない。

藩は、再建策を出した。帳面を点検して、二八四貫九五〇匁（目）六分六厘六毛（一匁は銭六十六文）を村々への貸し付けとした。それを毎年約十三貫ずつ返済させることにして、その実務を郡奉行所へ命じた。

百姓には、いくらの借金があるからいつまでかかって返済せよとは教えてもらえない。また、村の軒数が減れば、残った者がその分を負担しなければならない。「殊の外たいぎがった」と鈴木作之進は書いている。この調子でいけば二十年かかることになる。

さて紙生産は仙貨紙を蔵紙として大坂で販売することで、立て直すことになった。寛政二年、楮元銀一三六貫九〇三匁五厘を村々に貸与することにした。

この内、十二貫ほどが法花津屋の自己資金で残りが藩のお預け金（蔵元からの前借り金）である。村々全体で二千四十一丸六合の仙貨紙を漉いて法花津屋に売るように命じた。一丸は、紙の単位で二千四百枚である。

「吉田御領乱立聞合書事」にはもう少し詳しい。

仙過紙掛目八貫目紙は一人に付き四束

掛目七貫目より六貫目紙は七束
五貫目紙は九束
十五歳以上五十九歳まで頭掛かりに御割付

（注）八貫目紙は、厚くて重い紙である。厚手、中間、薄手の三種の仙貨紙に漉き分けていたことがわかる。紙は重量でも取引された。

仙貨紙は、四束が一丸（二千四百枚）である。一人当たり五丸となる。十五歳以上五十九歳以下に全員割り当てられるので、一軒あたりになると、とても漉ききれる数量ではない。

「庫外禁止録」では、一人当たり一丸半と書いている。一丸半か五丸かは断定ができない。とにかく実情を無視した割り当てであり、漉けないと百姓たちは訴えたのである。

寛政三年もほぼ同程度に実施した。そして、寛政四年も同じように実施することになり、楮元銀と上納の紙の数量が発表された。

さて、実施して二年、予定の仙貨紙が漉きあがってこない。

藩は、原因を加重負担でなく、他領に抜け荷されているとみた。天明七年以降、ますます伊予側へ土佐紙が流入するようになりそれに紛れて抜け荷されていると思われた。紙の買い子たちも高値でよそから抜け買いを競った。また、黒楮（まだ表皮の黒皮をへぐっていない楮皮で、この状態で紙漉百姓は買い入れる）の他領販売を禁止しているにもかかわらず、郡奉行所の手ぬるい監視のため多量に領外へ出ているのではと考えられた。厳しく監視すれば予定通りの仙貨紙は集荷すると考えた。

紙方仕法を強行

寛政四年十一月十五日、突然紙方仕法が発布された。「庫外禁止録」「屏風下張文書」からその内容を見てみよう。

一　楮皮はいっさい他領に出してはならない。抜け荷がないよう楮の木の数から、楮を蒸す釜の数まで調査して、予想生産量を把握する。なお他領から買い入れることはよい。

一　紙は一枚残らず紙商人が買い上げる。漉いた紙はその月の内に出荷しなければならない。月を越して手元に置いた場合、楮元銀の利子が上がる。また、抜け荷がないよう紙方役所の手の者を巡回させる。また、抜け荷押さえは、怪しい者は全て摘発し、とがめ損ないであっても気にすることはない。

一　紙買いの者には、それを証明する印鑑を渡す。村から吉田へ紙荷を運ぶ手順・道順を決める。荷は庄屋が確認（送り状を添付）し、荷札を立てる。番所では、送り状どおりの荷であるかを確かめて通す。

夜間は通行してはならない。また、浦々に立ち寄る他国船に抜け荷をする者がいるので、船の出入りを厳しく監視する。

一　楮値段と紙値段は紙方役所が決定する。

一　楮元銀として法花津屋に御用銀を預ける。紙株は新規株を認めない。（法花津屋二軒の独占になる。）楮元銀の利子は、「二割」から「一歩二」に下げる。

一　紙漉百姓は、一人あたり仙貨紙一丸半（三千六百枚）を法花津屋に売らねばならない。それ以上漉いた紙は、三十分の一の値段を上乗せして法花津屋が買い取る。

一　他領の紙取り次ぎは禁止する。但し庄屋が認めた者はよい。

紙方役所は、抜け荷の取り締まりが主業務である。抜け荷押さえには、無頼の徒を雇い入れた。報酬は、押さえた紙荷である。紙方役所の役人は大提灯、抜け荷押さえは小提灯とあだ名された。

この仕法は、郡奉行所には、なんの事前の相談もなかった。紙方役所からも一言の挨拶もない。中見役鈴木作之進は憤然とする。すでに今年の紙漉きは始まっている。突然の仕法替えは混乱を起こすだけであった。

郡奉行所、仕法の実行は困難と上申

鈴木作之進は、この仕法の問題点を郡奉行に申し上げた。

一　紙の生産割り当ては、領内の御百姓の内、紙を漉く百姓にのみ公役を増やしたようなものである。不満に思うであろう。紙漉というのは、「御百姓の私の渡世」である。

一　この仕法では法花津屋ばかりが有利になる。ますます法花津屋を恨むであろう。割り当て以上に漉いた紙については、三十分の一の値段を加えるとあるが、守られないであろう。

一　他国紙の仲介を制限しては、たくさんの百姓が生活に困るであろう。

郡奉行は、ことは重大と考えて家老安藤儀太夫に上申することになる。家老安藤儀太夫は、「出したばかりの法をすぐ取り下げたのでは、お上の威光というものが…」と難色を示した。

鈴木作之進は、紙業を藩が統制しては、結局年貢同然となって利益は出ず、百姓たちが納得しないと考えたのである。また、土佐との国境が正式に開かれて以来、土佐紙が伊予側に流れ込んできている。当時、予土国境を越える物資は、全て人の背に頼っていた。土佐商人と伊予商人の間に立って紙を仲介・運搬する「口入れ」で生活を立てている百姓たちがいた。確かに、これに紛れて抜け荷が絶えないわけだが、これを禁じては生活に困るはずであるとも考えた。

村々は混乱した。まず楮皮の値段が極端に安かった。来年は、値を他領と釣り合わすからと紙方役所は詫びた。そして、領内の楮皮を全て集荷してみると、思いがけなく大量に余ってしまった。領内の紙漉百姓が漉ききれない量だったのである。楮皮は保存がきかないので、この処理に右往左往する。買い上げた物を返却したり、他領へ売買したりした。

さらに無頼の徒の集まりである抜け荷押さえが、横暴であった。家に上がり込み、「家の鼠をかるがごとく」というように家捜しをして紙を盗んでいった。「漉いた紙は翌月までおいてはならない、とがめ損ないもかまわない、報酬は押収した紙」という決まりなので、したい放題である。それに伴い小盗人も横行した。

願書裁決するも藩政機能せず

十一月十五日に実施された仕法であるが、十二月一九日には一揆立つ気配の報が来る。

前章では一揆の動きからみていったが、ここでは紙方仕法の嘆願という観点からみていく。

一揆の勃発の気配は最奥の村の高野子村から始まった。

鈴木作之進は、直ちに駆けつける。まず、この村を諭した。彼は、職務に誠実である。「十が十までかなわぬことはない。それでは郡奉行の面目は丸つぶれではないか」と説いた。この結果、高野子村は落ち着いた。この時、村にお救いがあったようで、一揆の時、同村は、最初は立たなかった。

一月一日に一揆が立つという第二報が来て、鈴木作之進らは山奥筋で年を越すことになった。年を越して一月五日に、郡奉行が出郷して直接、百姓から願いを聞き取った。この時の郡奉行の対応は、村々を感激させた。この時、聞き取り役を務めた三間の三人の庄屋（あるいは山奥筋の庄屋連名か）から、「この三項目だけは聞き届けてやってください。無理でも、とにかくいったんは聞き入れてやってください。そうでなければおさまりません。」と嘆願書が出された。その三項目は、以下の通りである。

一　法花津屋を紙買いからはずし、楮元銀は藩から直接貸付け、返済は紙をもって当てる。

これは御用紙制度になる。藩が紙商売を直接行う専売制度である。鈴木作之進は、これは賛成ではない。最初はよくてもすぐに楮元銀が下がり、土佐の御蔵紙制度と同じになってしまうと考えたからである。御蔵紙ではひどい時は、生産費の三分の一程度しか渡されなかったという。

一方、紙商人の独占商売による横暴を防ぐという点からは有効であり、大洲藩、宇和島藩はこの専売制度を実施していくことになる。

一　楮元銀返済以上に漉いた紙は、商人が入相（いりあい）に買い付けさせる。

この項目は重要である。土佐領の紙漉き百姓も、御蔵紙制度という藩の強制買い入れを容認した上で、それ以上に漉いた紙を商人が競争で買い入れることを求めた。これを平紙という。結局、平紙から税をとることも放棄して、藩が商人と同じ立場にたって紙を買い入れることになってから土佐の紙生産量は飛躍的に伸びたと言われている。

一　紙買いは多人数許可する。

これも重要である。買い手の競争がなければ、買いたたかれるのである。

さて、筆頭家老飯淵へ郡奉行所からも仕法改善の上申が行われた。「飯淵殿へ出す　正月中旬十五日御内々御嘆申上口上覚」（一の五二号文書）これは、庄屋が書いたか鈴木作之進が書いたかわからないが郡奉行所を経由したのであろう。最高責任者が飯淵庄左衛門であることがわかる。彼は、一揆発生後、病と称して姿を見せなかった。

一月二十三日、願書裁決の結果が発表された。

先の三項目は認められ、年貢の納入法などの改善も認められた。しかし、重要な点が却下されている。まず、古借金二百八十五貫の取り立て免除は却下された。これを認めると藩の痛みは大きい。次に、紙方役所の廃止（小提灯の取り締まり、仕法の廃止）も認められなかった。

これは、法花津屋を紙商売からはずした以上、必要な部署なので、今後、役所自体を改めていくべきものである。したがって役所自体の廃止は宣言されなかった。また、今後どう改めていくかも、即答できるはずもない。明確な回答がないので百姓は不信感をいだくことになる。

郡奉行所は、紙方役所に対して強硬に、「小提灯の栄蔵を村々は憎んでいる。彼だけは、出郷させるな」と申し入れており、了承されていた。これで、厳しい抜け荷改めはなくなるはずである。

百姓は定額の税を納めてあとは自由売買ができる受け運上（昔はそうであった）も求めた。これも却下された。隣接する宇和島藩では認められており、天明の飢饉以後、嘆願により税額まで下げられている。

とにかくも願書の一部は認められた。ところが百姓を唖然とさせるできごとが起こった。

この頃、長年藩主不在の吉田藩は、それぞれの部署が弛緩しており、藩政に自己改革力も自浄力もなかった。「吉田御分百姓中騒動聞書」には、「役人を総入れ替えしなければ藩政は直らないと世間は言っている。吉田藩は気の毒なことだ」と書いている。

さて、先の栄蔵は平然と出郷してくるのである。また、紙方役所の下役人が山奥郷に御用で来たとき、「紙は御用紙として残らず紙方役所が買い入れる」とも言う。彼は、事情に疎い下々の者で急な代役で赴いたらしい。これは、重大な問題である。残らず買い取られないことにこそ意義があるのである。

郡奉行所は十が十までかなわぬことはない。それでは面目丸つぶれではないかと言ったが、その通りになった。

郡奉行の誠意と苦労は報われなかった。村々は、郡奉行所の役人を、狸役人と呼ぶようになった。だまされたという思いは強かった。

こうして一揆はやむなしとなったのである。

第四章　泉貨紙の歴史

泉貨紙は、二枚合わせの強靭な楮紙として全国に名が通った紙である。

泉貨紙は、仙貨、仙過、仙花とも表記し、いずれが正しいということはない。宇和島藩が泉貨方（泉貨紙の役所）を置いたところから、泉貨紙が正式名である。他国は、遠慮して仙貨紙としたと思われるが、仙貨紙の名も広く受け入れられ、宇和島藩でも特にこだわっていない。本書では、正式名称の場合、宇和島藩産を意識する場合は泉貨紙とする。「仙過」の表記は江戸時代に見られ、「仙花」は戦後である。仙花紙は戦後の粗悪紙を意味することもあった。

戦国時代の発明か

泉貨紙は、天正年間の人、兵頭太郎右衛門道正（泉貨居士）の発明によると伝えられている。彼は西園寺氏に仕える武勇に優れた者であったが、晩年は民間に居住し、厚紙を工夫し伝えたという。文禄五年（一五九六）の三嶋神社の棟札に、泉貨の名前があり、実在が証明される。慶長二年（一五九七）に没し、安楽寺（野村町）に葬られた。その子孫は現在も近くに居住している。

寛文年間（一六六一～一六七二）、現在の野村富野川の庄屋喜太郎が、ホゼ（曼珠沙華の根）をネリとして使うことを始め、紙質

泉貨居士の墓。（西予市野村町安楽寺）宇和島藩泉貨方役所によって修復されている。

を改良したと伝えられている（『中筋郷土誌』）。

さて、最初の顕彰は、元禄十三年（一七〇〇）、宇和島紙商塔屋作左衛門が竜沢寺住職霊屋法師に請い、「清浄院宝山泉貨居士」の法号を、兵頭太郎右衛門にもらったのが初めである。この時「予州泉貨記」も作られた。

天正、慶長年間の泉貨紙は確認されていない。この時代に、南予で漉かれた紙を特定することすらできない。戦国期の文書は多いが、紙が朽ちたため写しを取ったものが多いのである。

四国西南部で製紙業が行われていたことは、「長曽我部地検帳」から確認できる。幡多郡江川のカミヤシキというところに紙屋勘丞という名が見える。カミは上の意であるが、紙屋は、江川という場所柄、紙を漉いた者と考えられる。

泉貨紙がこの時代発明されたとすると、文字を書く紙ではなくて衣に用いる紙子として庶民に利用されたのではないか筆者は考える。

泉貨居士の顕彰碑（西予市野村町安楽寺）

次の顕彰は、文政八年（一八二五）、宇和島藩によるものである。同藩は、この時期、泉貨紙と半紙で専売制度を始めている。泉貨居士の画像を描かせ、墓を整備した。農民の製紙意欲を喚起するのが目的であった。

慶応二年（一八六六）、宇和島藩は子孫土居七兵衛に代々庄屋格を与えた。この時期、なんとか泉貨紙の専売が成功したようである。

明治十六年（一八八三）、農商務卿と愛媛県から子孫土居七郎が賞されている。伝統的な優れた産業を保護育成する政府の政策の一環と思われる。

昭和八年（一九三三）、泉貨紙の同業者組合が安楽寺に泉貨居士の記念碑を建立する。この時期、泉貨紙は最盛期を迎え、その感謝のためであった。

昭和五十五年（一九七〇年）「記録作成等の措置を講ずべき無形文化財」に、野村町高瀬の菊地定重氏の泉貨紙が指定された。この時点で、野村ではただ一人の泉貨紙漉きとなってしまった。

泉貨紙独自の製法

泉貨紙の漉き簀。上下が異なる。漉きあげて、折り合わせる。（泉貨紙と陰陽紙展より）

精粗二つの簀を用いて漉いた二枚の紙を、漉きあげ直後に合わせることによって強靭な紙ができるという。この製法は、明治以降の野村の泉貨紙に用いられた方法である。

菊地定重氏が昭和四十七年愛媛新聞社賞を受賞した時、河野健一氏が「泉貨紙考」を書いて、その製法を詳しく説明した。ヒゴ（竹）簀とシゴ（茅）簀の精粗二つの簀を用いることが書かれている。また楮の煮熟には石灰を用いた。

もっとも古い泉貨紙の製法を記した書物は、『四国産諸紙之説』（明治五年）である。これによると、「一枚漉いて立てかけ、ついで次の一枚を漉く。そして、前者の一枚と合わせて泉貨一枚とする」

昭和１４年　高知県幡多郡十和村（現四万十町）で仙貨紙を干す女性（紙の博物館蔵）

とある。簀が違うことにはふれられていない。

昭和十四年（一九三九）、高名な和紙研究家寿岳文章氏が、高知県幡多郡昭和村細々の仙貨紙と愛媛県北宇和郡明治（あけはる）村延野々の中仙紙（中仙貨紙）を見聞し、あまりに古い、昔そのままの製法に驚いている。当時、紙を漉くのは女性の仕事で、小さな漉き舟の前で正座して漉いた。

寿岳氏は、昭和村の仙貨紙は、漉いた後、半分に折りたたんで一枚とする製法を取り、ネリはアオギリの木を使っていた、ネリはほとんどきいておらず、溜め漉きと流し漉きの中間であると報告してる。

また、明治村の中仙紙はさらに原始的としている。楮をへぐらず、黒皮のまま叩解する。米糊も入れない。煮熟は石灰を用いている。一枚漉いて立てかけ、次に一枚漉いて立てかける。最初の一枚に、もう一度、重ね漉きをする。捨て水をしないから溜め漉きである。なのに、トロロアオイをネリとして使っている。以上のように観察している。トロロアオイが南予地方に入ったのは明治以降である。

それ以前は、トロロシバ（やまこうばし）という木の葉をついてネリを得ていた。トロロアオイがネリとしてよくきくので驚いたという（「小倉仲仙始末記」）。

寿岳氏が収集したこの二つの村の紙とその時取った写真は、「紙の博物館」に所蔵されている。

寿岳氏に昭和村細々の見学を勧めたのは、柳宗悦氏であったようである。柳宗悦は、『柳宗悦民芸紀行』（岩波文庫）において、細々の仙貨紙を絶賛している。

旅で忘れ得ぬ印象は、土佐国細々の仕事であった。極めてみすぼらしい家内工房で、もの静かに黙々として仕事をしているお婆さんを見かけた。これでいいのかと思えるほどの粗末な簡単な道具建て（たて）であった。だが出来上る「仙貨」を見ると、誠にりんとした所があって、力は強く色は清く、紙味に申分がない。どこからこんな力と美とを捕らえてくるのか。遠い伝統の助けを想わないわけにはゆかぬ。地方に見られる多くの美しい品物は、しばしばこのような環境から生まれてくる。

これに該当すると思われる仙貨紙（障子紙用の薄漉きで戦前のもの）を十和村古城で頂いた。仙貨紙の最上品として、高知県立歴史民俗資料館、いの町紙の博物館等に保管してもらうことにした。色、つや、紙肌とも見事な逸品である（平成十四年五月寄贈）。楮そのものの色を生かしたものであり、障子として光を受けている内に、白さがほどよくなっていくものと思われる。このような和紙は、現在需要がないので生産されておらず、歴史資料として重要である。

現在の細々（現四万十町十和河内）右手の河岸段丘上に集落が広がっている。

泉貨紙では、二種類の簀を用いたというのは一般的ではない。二枚を漉いた際に合わせて一枚とするという定義にしてよい。漉き方は、溜漉き（ゆりどめ）である。最後の捨て水をゆっくり簀上に戻すことによって繊維を立たせ、この面を合わせることによって強い密着力が生まれた。これは、寿岳氏も、『和紙大概』『和紙風土歴史技法』での調査でも指摘している。

原料は楮である。楮は、カジとコウゾに大きく分かれ、さらに種類があった。良い紙にするにはどの楮を選ぶかも大切であった。目黒では、赤楮（あかそ）という良い楮が栽培された。泉貨紙は高級紙でないので楮を選ぶということはなかった。

製紙原料の三椏は、四国西南には明治以降に入った。獣の食害を受けず、楮より山深い場所で栽培できるので、大いに広まった。三椏を混入した「ヤナギ仙貨紙」も、幡多郡にはあったが、その生産量はわからない。一般に泉貨紙は、三椏は使わず純楮製であるとしてよい。

宇和島藩専売の泉貨紙の品質

さて、江戸時代、専売制度を取った宇和島藩の泉貨紙は、市場で好評を得た。これは、藩が製紙法に干渉し、手間をかけて製紙させたからである。『宇和島吉田両藩誌』から見てみる。

江戸時代、全国各地の産地は、楮の煮熟に木灰か石灰を利用したが、宇和島藩では煮熟に石灰でなく、木灰を使った。木灰煮は石灰煮に比べて非常に時間がかかった。しかし、紙質がよく、紙がより強靭になる。もっとも生産コストを考えると石灰煮が有利である。

また、紙料の仕上げをていねいに行わせ、紙の見取りを厳格にし、質のそろった泉貨紙を市場に出したのである。

泉貨紙製の帳簿は、火事の際、井戸に沈めておき、その後引き上げて乾かしたら元通りになったと伝説がある。これは、木灰煮の楮紙はどれでもこうなるので、この伝説は各地の産地にある。

泉貨紙にはホゼ（曼珠沙華）の球根の粘液が入れられたともある。これは泉貨居士の工夫ではなく、前述の通り寛文年間の工夫である。泉貨紙において、ホゼはネリの働きを助け、紙を白色、強靭にし、重さを加え、虫害を防ぐとある（『和紙　風土歴史技法』）。

ホゼをネリに使うのは泉貨紙だけではない。『和紙文化大辞典』で引くと他産地でも利用されている。夏場にもきくネリだそうである。トロロアオイがない以前のネリの一つとして、あるいは重量をごまかすために入れられたと考えられる。最盛期の野村では、ホゼを入れすぎないようにと組合から注意が促されている。虫害を受けないのは、米糊を入れて紙を白くすることをしないからである。

『日本製紙論』（吉井源太著）には、宇和島地方の泉貨紙の見聞記がある。ネリは、ホガリの木の葉を使ったとある。ホガリとは何の木を指すかは不明である。

泉貨紙は、品質によって七等級に分けられ、張文庫、傘、袋、経本、染め工の形紙などに利用されていたという（『宇和島吉田両藩誌』）。文字を書くための用途ではなかったのである。

さて、宇和島藩の専売品の泉貨紙は、日本では現存が確認されていない。明治四年、駐日イギリス公使パークスが、四百種以上の和紙と和紙製品をイギリスに送った。この和紙は大半が、ビクトリア・アルバート美術館に保存されている。

その中に、伊予国宇和島領の泉貨紙がある。一帖が六十枚で、代銀が十三匁と記されている。これが唯一現存が確認されている専売制度下の泉貨紙である。また、吉田泉貨紙も同じく保存されている。

なお、一八七三年、ウィーン万国博覧会に、日本の和紙が出品された。その中に南予地方の泉貨紙が数点出品されている。大部分がライプチヒのドイツ図書館に保存されているが、南予の泉貨紙は残っていない。西予市の野村シルク博物館が所蔵する「阿下歌舞伎衣装台帳」（明治二年）は、良質の泉貨紙が使われている。

諸国で漉かれた仙貨紙

『新撰紙鑑（しんせんかみかがみ）』は、江戸時代の紙の種類・品質・産地などについてもっとも詳しく記している。発行は安永六年（一七七七）である。「諸国厚物並仙貨類」という厚紙の項目がある。厚物とは、厚く漉いた紙で、仙貨紙は二枚重ねで厚くした紙である。仙過（紙鑑はこの字も使っている）は、伊予の他、土佐、備後の三好、淡路の洲本、阿波の国からも出荷されている。

伊予の国では、宇和島、大洲、吉田から出されており、品質は、宇和島大洲は上、吉田は中である。規格は、縦一尺五分、横一尺三寸八分で、六百枚を重ねて切って、これを一束として、四束で一丸とする。重い仙貨紙は、三束で一丸である。

仙貨紙もライバルがたくさんいたのである。吉田産仙貨紙の評価の低さも、藩には気に掛かったことであろう。
前山厚紙という紙もある。『難波丸綱目』という書物では、これを、伊予国の紙としてあるので、戸岐御前山の名をとっているのでは推定されている。しかし、地元の文献では前山紙というものはない。

なお、「伊予清帳」という美しい紙が、宇和島より出荷されている。清帳紙は、清書用の上質な紙で、良質の楮を原料とする必要がある。現在は、「土佐清帳紙」が一軒だけ残っている。宇和島藩は、様々な紙を出す産地でもあった。但し、清帳、奉書など高級楮紙は、城下に専業の者がいたようである。ウィーン万博に、丸穂村（現宇和島市丸穂）から、奉書が出品されているので、このあたりにいたのであろう。

仙貨紙は、十八世紀末にはこの程度の広がりだが、やがて全国各地で漉かれるようになる。前述のウィーン万博には、全国各地から「下品のセンカ」が出品されている。センカは、安い厚紙の代名詞となってたくさん流通していたのであろう。

泉貨紙製の雨合羽。（泉貨紙と陰陽紙展、平成11年野村町）上下二点でワンセットと思われる。宇和民具館にも、二点セットで保存されている雨合羽がある。

『諸国紙名録』（明治十年）は、各産地の和紙の種類や大きさ等を記したものである。泉貨紙は各地で漉かれているが、桐油と追記してある。つまり桐油を塗って、雨合羽にしたのである。『紙漉必要』（大蔵永常著）にも、泉貨紙に桐油を塗ったことが書いてある。紙名録では、土佐の本仙過は諸袋とあり、袋用になっていた。また、宇和島仙過には、「山出し」という種類があり、これが高知県幡多郡から出される仙貨紙であろうと筆者は推定する。また、宇和島の仙貨紙の等級が変わったことも書いてある。ウワシマオサメカミ（宇和島納め紙）の九等級から、オモイヨコヒマナシ（思いよこしま無し）の九等級になった。明治二六年の宇和島新聞（注）の広告によると佐藤商店（吉野）では、八等級である（写真を参照）。同新聞によると、仙波ヶ峠（須賀川ダム上流）を越えて宇和島へ、土佐紙が一万二千丸、小倉紙が千丸送られたという。

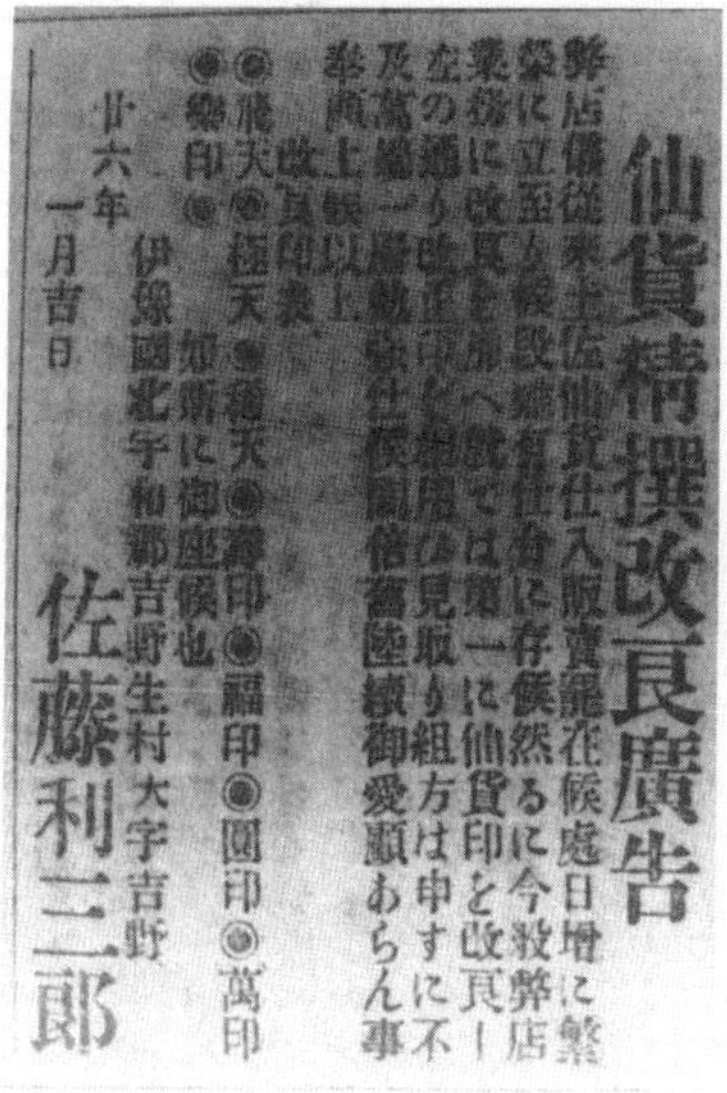

明治26年宇和島新聞広告
（現松野町吉野の佐藤商店）

（注）宇和島新聞は、「田中家史料保存委員会」が所有。

宇和泉貨紙のラベル（『日本紙業史』昭和 15 年より転載）「宇和特産紙創造者　泉貨翁肖像」とある。元禄時代から、こうやって泉貨居士発明を打ち出し、泉貨紙の本家として宣伝した。

宇和製紙工業組合より出荷された宇和泉貨紙の一束（昭和 16 年）。泉貨紙と陰陽紙展に展示された。

平成時代の泉（仙）貨紙

現在（平成十四年）、泉貨紙は野村、広見町小倉、高知県幡多郡の三か所で漉かれている。

野村では菊地定重氏の跡を継いで菊地孝氏が漉いている。絵画用に人気が高いという。また、広見町小倉では広見泉貨紙保存会（芝忠良会長）が漉いている。ここは「小倉（おぐわ）仲仙紙」として組合を作り、昭和四十年代まで漉かれていた。この事情は、「小倉仲仙始末記」（『仙波丈明その仕事』所収）

に詳しい。仲仙の語源は、中泉貨紙である。この「中」は品質を意味し、中泉貨紙とは、品質の劣る泉貨紙を意味した。泉仲（中）紙と書かれる場合もある。

また、泉貨紙を漉いた後に残る原料で、キソ紙、甘皮紙、バクサ紙、中折れ、粕紙など種々の下級仙貨が漉かれた。これらの紙はまだ数百枚現存しているが、区別できる人は誰もいなくなったので、筆者も特定できない。

このように下品も多かったことから、戦後の混乱期、故紙漉き返しの粗悪紙に仙花紙の名が流用されたのである。現在でも、仙花紙といえば、再生紙の意味でも使われている。

さて、小倉仲仙紙は、そのような質の悪い紙ではなく、黒皮をウスバ（包丁）でへぐらず、揉んで落としたのである。こうすると、楮の歩留まりがよいので原価が下がる。紙も丈夫で、値段も泉貨紙と変わらなかった。但し、見た目は中泉貨紙のように悪かったという。サンドペーパーの台紙に需要があったが、最後にはなくなったので廃業された。その後、広見泉貨紙保存会として、当時漉いた人たちの手で復活したのである。現在は、仲仙紙でなく泉貨紙を漉く。町

現在も河岸に茂る楮。栽培された名残である。　(四万十市西土佐)

内の卒業証書などに利用されている。

　小倉は江戸時代末期、畔地類吉という人が泉貨紙の製法を改良し、類吉紙と呼ばれた。それが仲仙紙に該当するわけではないようである、類吉紙は一枚も残っていない。製法もわからない。しかし、彼により小倉は和紙の産地となるのである。

　なお、西土佐村長生でも戦後まで中仙貨紙が漉かれていた。この中仙貨紙も、質の悪いものではない。ネリにアオギリを使わず、地元の木の葉（樹名不明）を使い、独特の赤みをつけて販売された。


　高知県幡多郡に十川仙貨紙（芝勘吉夫妻製造）がある。幡多郡もまた江戸時代から仙貨紙の大生産地帯で、松丸、吉野生に集荷され、京阪神へ出荷されてきた。そして最終期には、十和村の南商店（今利屋）が一手に引き受けていた。

　幡多郡でも仙貨紙はいったん途絶えた。和紙研究家の求めに応じて、製法が記録されたりもしていた。東京の和紙店の勧めで近年、十川で一軒が再開した。この三つの泉貨紙は、平成十一年、野村で開かれた「泉貨紙と陰陽紙展」で実演された。

　明治以降の仙貨紙については、四万十川沿いに多数保存されている。いりこ袋、松煙袋、敷物や紙子、合羽、張り子など日常に惜しみなく使う紙として使われてきた。筆者は、これらの泉貨紙を収集し、平成十二年に「よみがえる泉貨紙展」（日吉村歴史民俗資料館）として展示した。展示後、一部を愛媛県

保存されている中仙紙の紙漉道具
（西土佐村長生）

歴史文化博物館に寄託した。

現代の泉貨紙は、東大寺のお水取りの紙子やにじみを生かした絵画、書画用に利用されている。文化財修復用、また輸出用ともなっている。

（追記）

平成三十年現在、野村の菊地製紙の菊地孝氏は先代定重氏に続き現代の名工に選ばれ、後継者もいる。広見泉貨紙保存会（平野邦彦会長）も次世代へ受け継がれている。十川泉貨紙は平野直人氏が受け継いでいる。名称は、現在全て泉貨紙に統一されている。

研究文献

昭和二十五年に、寿岳文章が『泉貨今昔談』を著し、粗悪な仙花紙の流行に対して、泉貨紙の本来の姿を世に紹介した。王子の紙の博物館機関誌「百万塔　創立五十周年記念特別号」（平成十二年）に復刻掲載されている。

昭和五十年代、愛媛県教育センター勤務の仙波丈明が、絵画用紙のために研究し、泉貨紙の技法・歴史をまとめた。『仙波丈明その仕事』に収められている。

『和紙　風土歴史技法』（柳橋眞著）は製法技術について詳しく報告している。『伊予の手漉き和紙』（村上節太郎著）は、泉貨紙の歴史を知るのに貴重である。

泉貨紙の製造過程の模型が、野村中央公民館に展示されている。また、『四国産諸紙之説』（明治五年）には、当時の紙漉図が載せられている。泉貨紙の研究文献は少なく、以上を読めば十分であろう。本書では、まだ紹介されたことがない幡多仙花紙の製法を資料として載せる。

原本は横長のため、筆者が掲載に当たって編集し、番号を振った。

資料

仙花紙手漉業一覧表

高知県幡多郡十和村

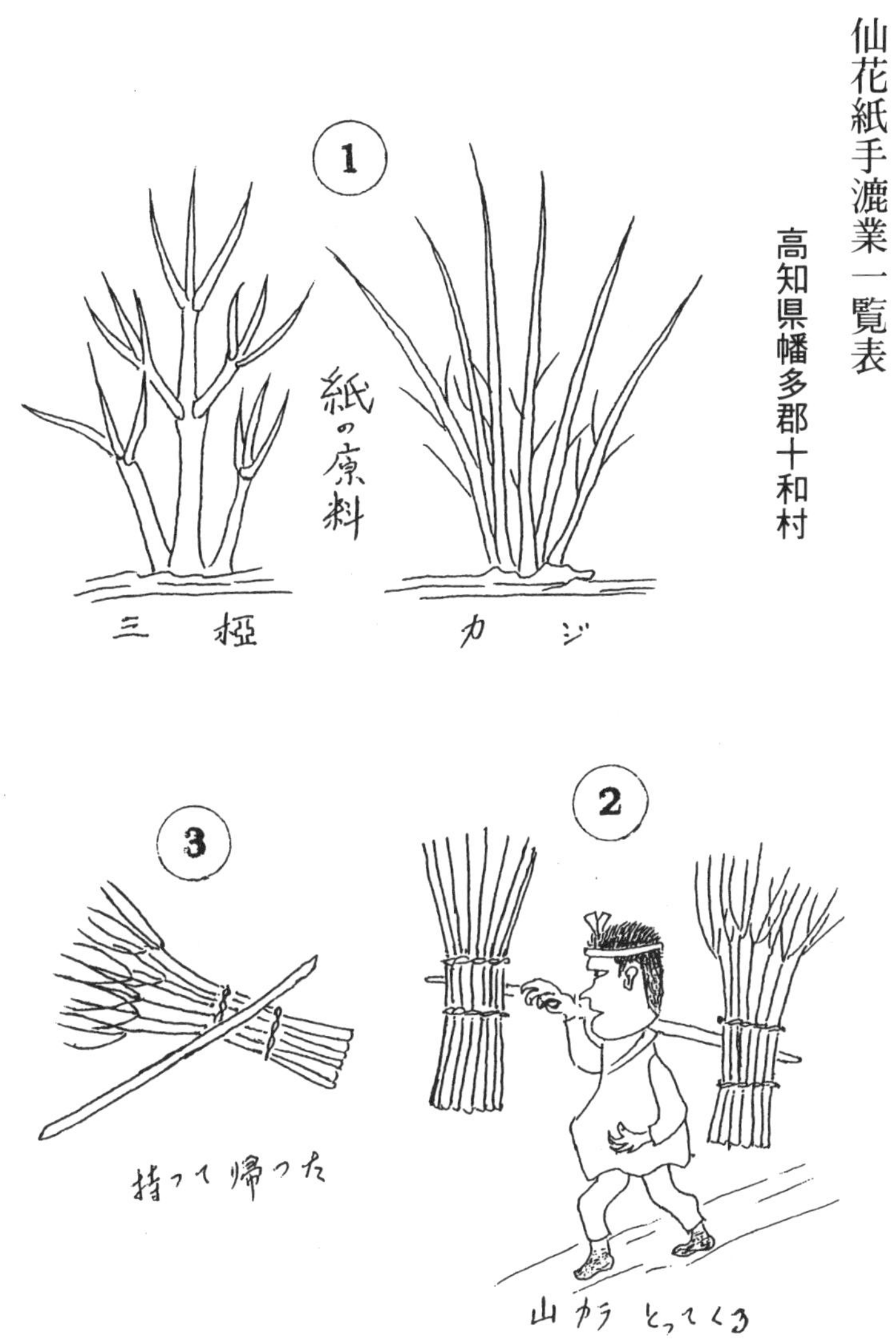

5
4
くびる
切り揃える
6
桶を釣上げる
ムセた
ムス

7
皮を はぐ
釜より出した
8
くびり直して又ほす
ほ す
10
9
大国
水に 付ける
クラより出して
川え持って行
倉え入れる

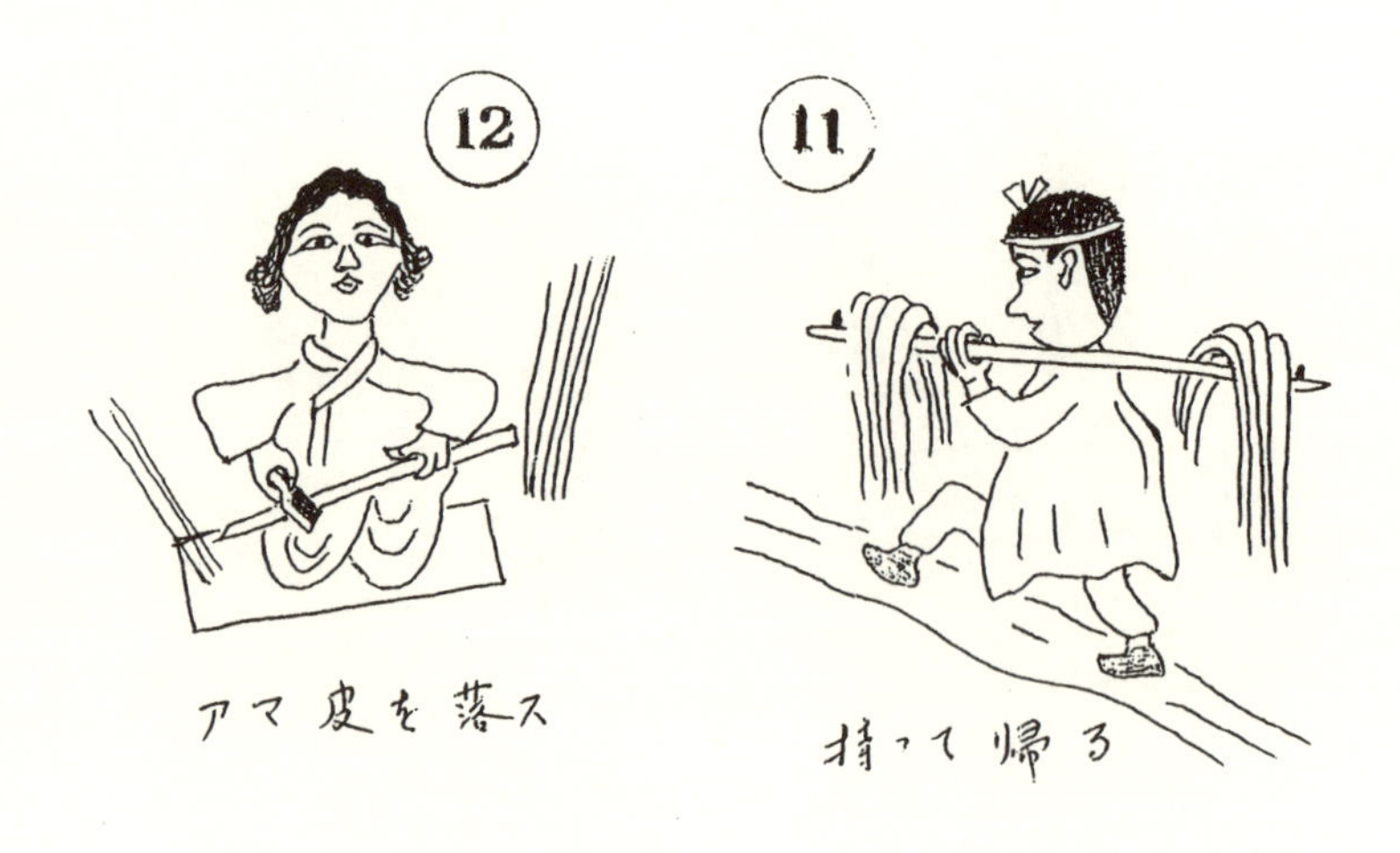
11
持って帰る
12
アマ皮を落ス

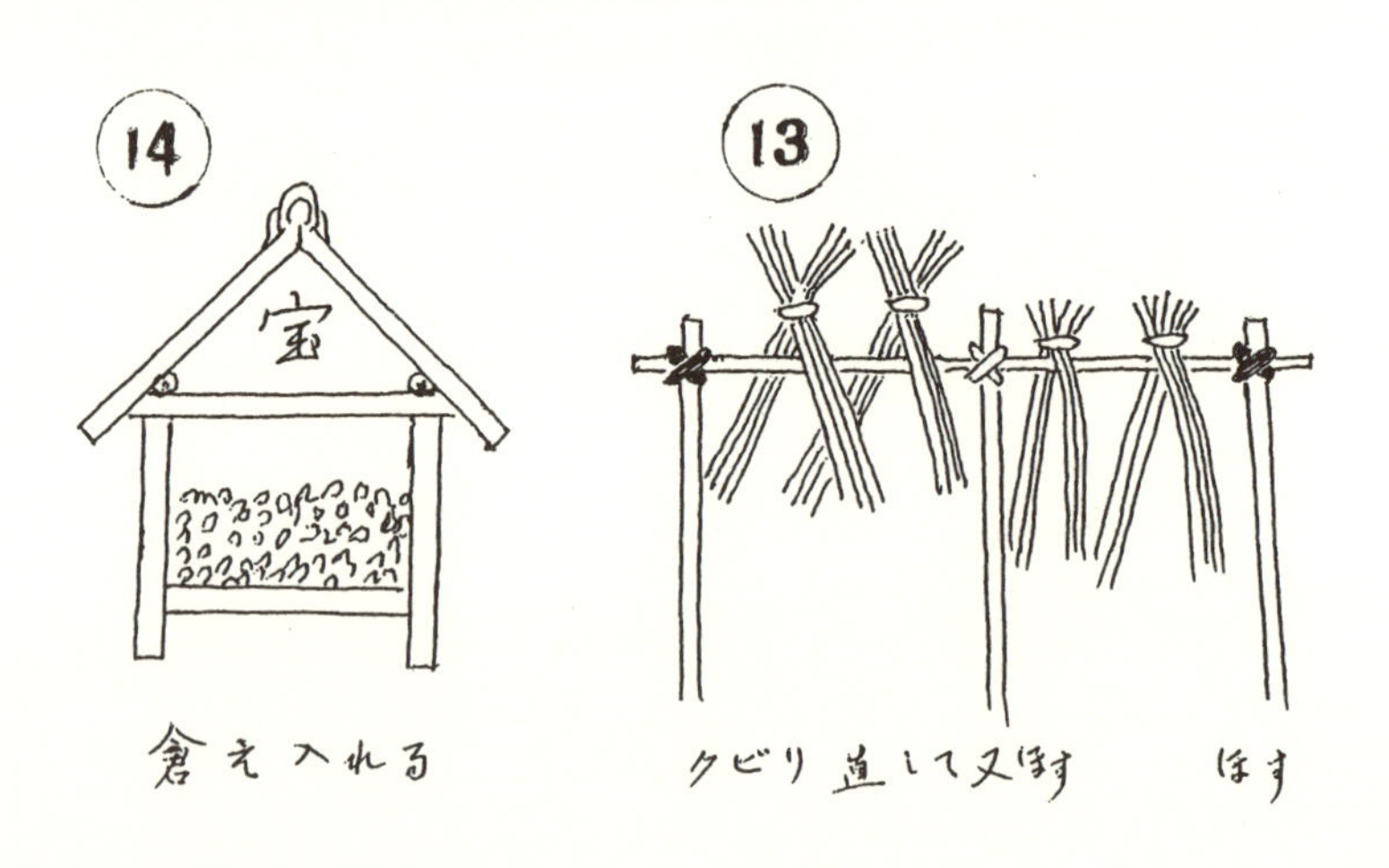
13
クビリ直して又ほす
ほす
14
宝
倉え入れる

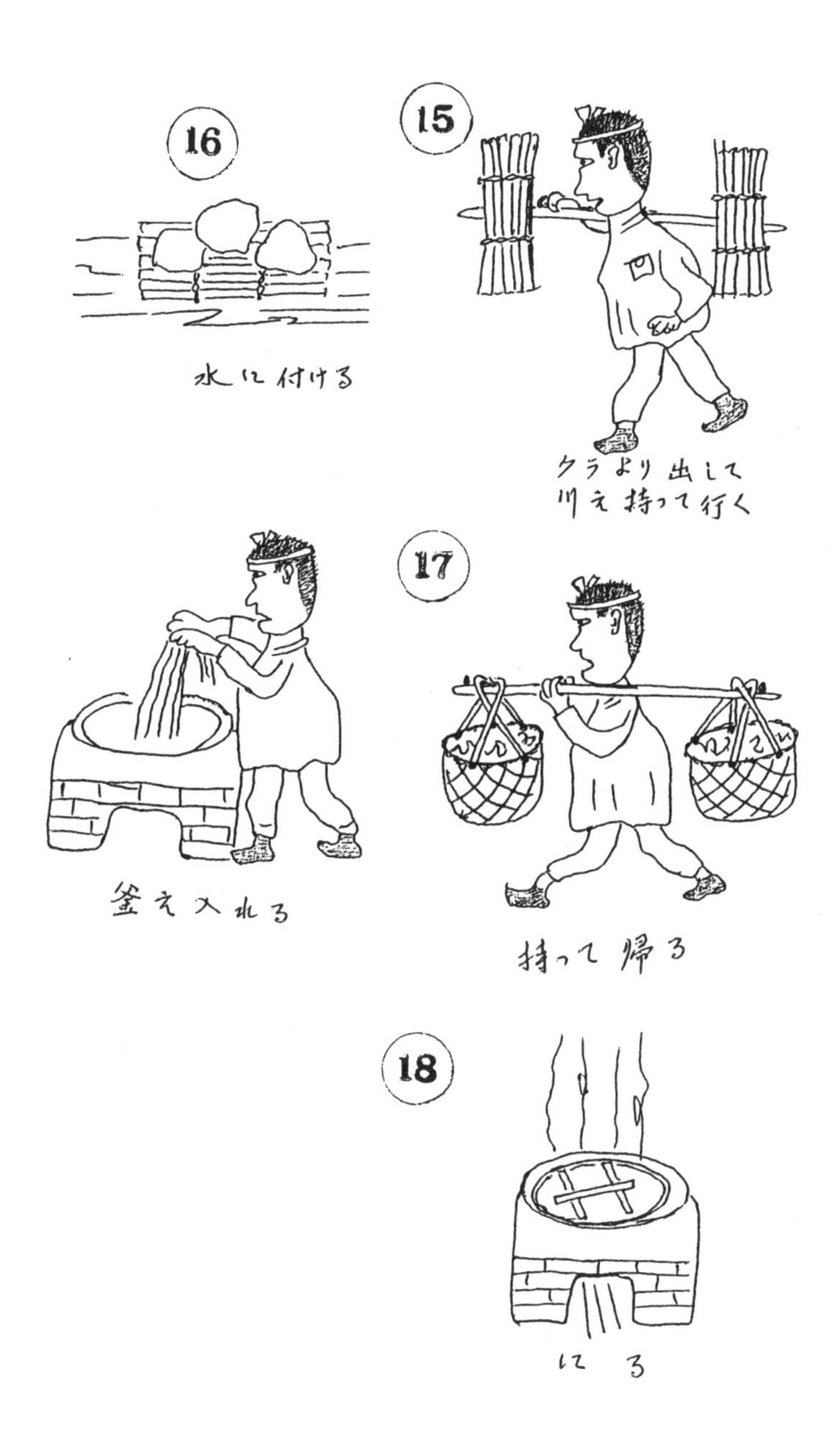
16
水に付ける
15
クラより出して
川え持って行く
17
釜え入れる
持って帰る
18
にる

19
かごえ入る
釜より出す
にえた

20
アキ かご
水の中の小石を竹ボーキではらって
きれいにしてから水に付けてサラス
川え持って行

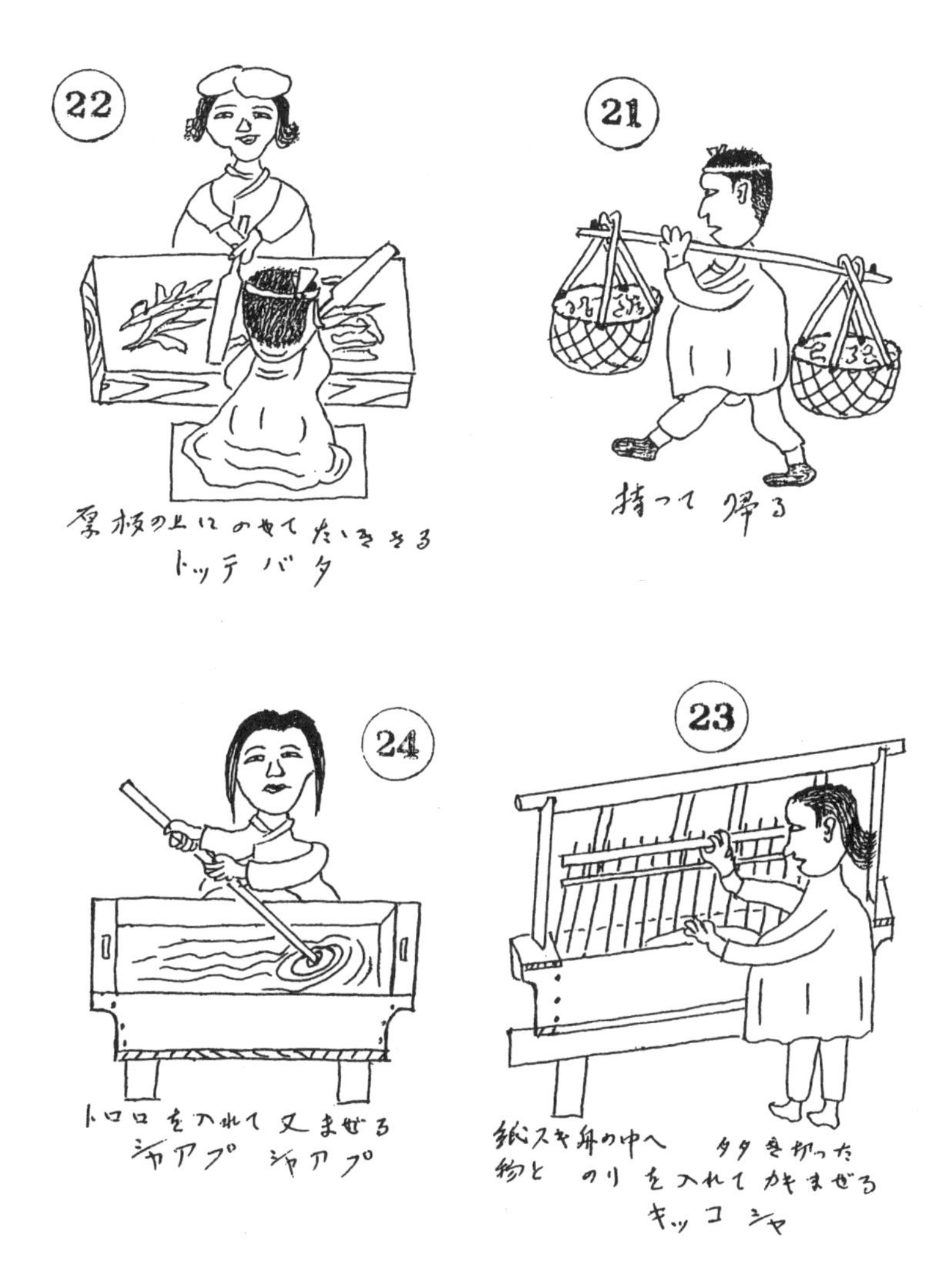
21
持って帰る
22
厚板の上にのせてたゝききる
トッテバタ
23
紙スキ舟の中へ　タタき切った
粉と　のり　をいれて　かきまぜる
キッコシャ
24
トロロをいれて又まぜる
シャアプ　シャアプ

25
コンドはスキ上げるぞ
ゴンブリ ゴンブリ
26
一枚ゴトにワラのチリすべをおいて
スキ上げた紙をつみかさねる

27
石
スキ上げた紙の水をたらす
28
一枚ずつへぐ

29
板の上え のせる
30
なで付ける
はぐ
31
ほす

32
出来上り
一枚一枚選定スル

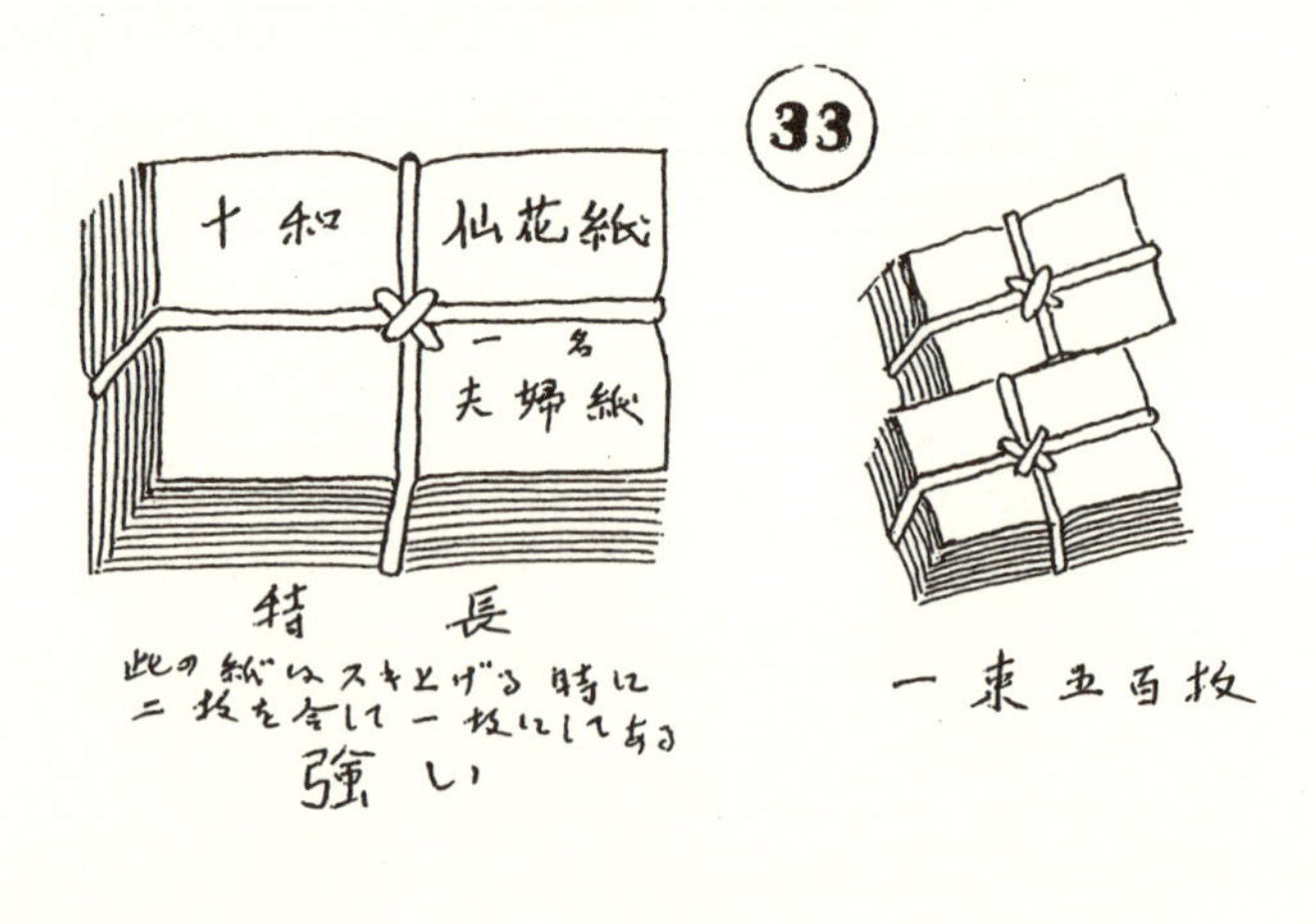
33
十和
仙花紙
一名
夫婦紙
特長
此の紙はスキ上げる時に
二枚を合して一枚にしてある
強い
一束五百枚

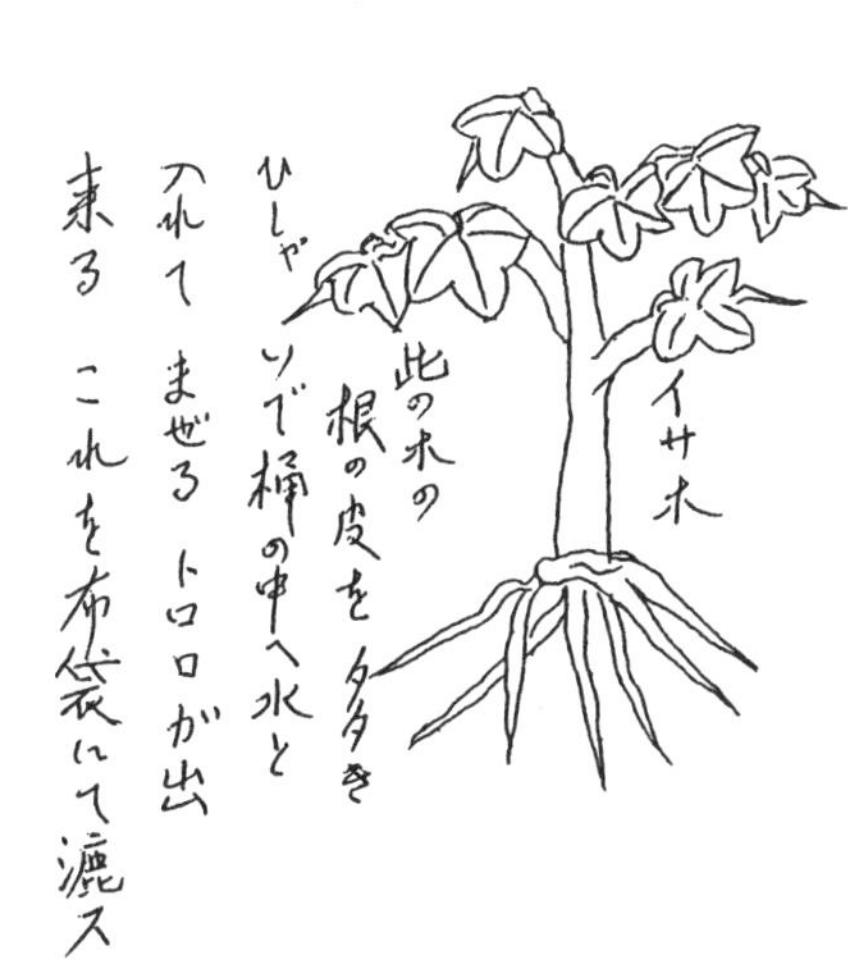

注

イサ木とは、アオギリの木のことで、ネリとして利用する。
米の糊は、紙を白くする目的で入れる。

仙花紙手漉業一覧表は、高知県幡多郡十和村小野五一四の芝一真氏（七一歳）が、昭和四十九年八月一日に制作した。

原本は横長の紙である。紙漉き歌も載せているが割愛した。

同氏は、伐採漫画踊も同時に制作している。こちらには、楮の伐採の絵や、くどき、紙漉き踊りが載せられている。こちらは収録しなかった。これらは現在十和村の個人蔵である。

おわりに

昭和六十年、愛媛大学に内地留学中、武左衛門一揆を教材にと思い立ち白方勝教授の研究室を訪ねた。丁寧に応対して頂き、「伊達秘録」と「伊予簾」のコピーを頂いた。今もなお、示唆を与えて頂いている。その後、上田吉春氏、故松浦洋一氏の知遇を得た。また、三間の毛利家史料調査会に籍を置かせて頂くことになり、両氏をはじめとするたくさんの人たちから、一揆の歴史をお教え頂いた。

上田氏は武左衛門の家系と推定され、祖父母らが武左衛門をどのように伝承してきたか、肌で感じ取って育った。一揆を体験した人々の武左衛門に対する思いは、子々孫々に伝えられている。筆者は、その思いの中にも真実が伝わっていると考え、文献による歴史研究という枠を越えて執筆した。

『屏風秘録』は一揆を語る一等史料である。平成十二年から勤務校が、『屏風秘録』が出現した清家金治郎氏宅の目の前となった。授業をしながら窓の外に見える氏宅は、往時の組頭宅をしのばせる。なんとかこの史料を世に広く知ってもらいたいと執筆の意を強くした。『屏風秘録』は、一揆の日、役人が不眠不休の中で書いた連絡文の集まりであるゆえ、文字の乱れが激しい。解読に挑戦してくれる研究者はなかった。そこで、清家氏が自分で解読された。それがあるゆえの本書である。

さて、武左衛門一揆の研究は教育界の先輩の松浦氏がまとめるはずであったが、筆者があとを引き継ぎ、小中学生でもわかるように書こうと目指した。しかし、目的を達したとはいいがたい。本書の概要については、「よど」創刊号、三号に紹介してきた。

武左衛門に関する行事にはほとんど参加してきたので、写真は全て筆者が撮影した。

平成年代に入って、続々と新史料が出現したが、もうこれ以上出る気配がないので、現時点でまとめることにした。過去の人が未来に託したメッセージは解読できたのではと考える。

泉貨紙については、多くの方から実物などを提供して頂いた。宇和島吉田両藩の泉貨紙がイギリスにあることが確認された。戦前の逸品を高知県立歴史民俗資料館で、数々の泉貨紙見本を愛媛県歴史文化博物館で保存してもらうことができ、研究の責務を果たせたと思う。紙問屋の史料が皆無なので、これらが出てきたところで、再度まとめてみたいと考える。

平成十四年　夏　宮本　春樹

宇和島市立宇和海中学校勤務

再刊によせて

刊行後十五年を経過したため、不備な点を改め再刊することにした。この間、上田吉春氏、清家金治郎氏、白方勝氏が物故された。清家金治郎氏とは度々意見を交わしたが、批判めいたことは一切口にされなかった。旧版出版以来、幾たびか一揆について寄稿する機会があったが、その度に上田吉春氏からは感謝の手紙を頂いた。白方勝氏とは互いに良き理解者であった。謹んで謝意を表したい。

一揆研究に当たっては、毛利家史料調査会が大きな働きをし、筆者はその会員として、大いに学ぶことができた。

初版では、泉貨紙の見本を添付できたが、もう手元になく、今回はできなかった。

今夏、松野町のある寺の住職から、「当寺の念仏行事に、武左衛門の供養が入っていますが、一揆の指導者の供養をなぜ私の村でもするのでしょうか」と問われた。武左衛門への感謝の思いが、文字として残せなかった農民たちに代わって、本書で伝わったら幸いである。

平成三十年　夏　　宮本　春樹

著者　宮本 春樹（みやもと はるき）
1957 年 宇和島生まれ　1979 年 京都教育大学卒業
1979 年 4 月～ 2017 年 3 月　愛媛県公立学校教員として勤務

宇和島市文化財保護審議委員　毛利家史料調査会会等
日本民俗学会　愛媛民俗学会

著作
『帰村　武左衛門一揆と泉貨紙』（私家版 2002）
『段畑とイワシからのことづて』（上下巻）（創風社出版 2006）
第 22 回愛媛出版文化賞受賞
『はまゆう年代記』（創風社出版 2008）第 24 回愛媛出版文化賞受賞
『ニホンカワウソの記録』（創風社出版 2015）

現住所　〒 799-3111 愛媛県伊予市下吾川 1583-10

帰　村
武左衛門一揆と泉貨紙【改訂版】

2018 年 11 月 1 日発行　定価＊本体 1700 円＋税
著　者　宮本　春樹
発行者　大早　友章
発行所　創風社出版
〒 791-8068 愛媛県松山市みどりヶ丘９－８
TEL. 089-953-3153　FAX. 089-953-3103
振替 01630-7-14660　http://www.soufusha.jp/
印 刷　㈲ミズモト印刷

　ISBN 978-4-86037-265-1